教育部人文社会科学研究项目基金资助
（项目编号：09YJC880039）

我国群众体育政策执行的阻滞机制及其防治策略研究

杨青松　著

科 学 出 版 社
北 京

内 容 简 介

当前我国群众体育事业的发展既是后奥运时期体育事业发展转型的需要，也是建设社会主义和谐社会的需要，基于此我国政府出台了一系列促进群众体育发展的政策。当前我国群众体育的发展首先要关注的是群众体育政策的执行，亟须提升的是群众体育政策执行的绩效。然而，众多公共政策执行的现实表明，政策的执行往往不像想像的那样顺畅，这不仅削弱了这些体育政策的效能，而且已严重影响政府及相关部门的社会公信力。本研究采用实证研究范式，选择中部省份的典型区域进行调研，从而比较清晰地把握我国当前群众体育政策执行的阻滞机制及其根源，进而建立有效的治理策略和政策实施机制，以保障我国各项群众体育政策的顺利实施。

本书可供我国体育政策的制定者以及操作人员借鉴，亦可供相关高校及科研机构的师生参考。

图书在版编目（CIP）数据

我国群众体育政策执行的阻滞机制及其防治策略研究／杨青松著. —北京：科学出版社，2017. 3

ISBN 978-7-03-051715-9

Ⅰ. ①我… Ⅱ. ①杨… Ⅲ. ①群众体育-政策-研究-中国 Ⅳ. ①G812. 4

中国版本图书馆 CIP 数据核字（2017）第 024918 号

责任编辑：李 敏 杨逢渤／责任校对：邹慧卿

责任印制：张 伟／封面设计：无极书装

科 学 出 版 社 出版

北京东黄城根北街 16 号

邮政编码：100717

http://www.sciencep.com

北京九州迅驰传媒文化有限公司 印刷

科学出版社发行 各地新华书店经销

*

2017 年 3 月第 一 版 开本：720×1000 1/16

2020 年 1 月第二次印刷 印张：8 3/4

字数：200 000

定价：68. 00 元

前　言

早在2008年北京奥林匹克运动会开办之前，就时常听到有人闲谈之际半开玩笑半认真地提出这样的问题："之前开了亚运会，现在开了奥运会，以后就没什么运动会好开了吧！竞技体育就是开运动会，现在达到了顶峰，再该做点什么呢?"类似的这些话语有的来自社会大众，有的来自其他学科的一些学者，他人不经意间的话语却触碰到了体育学人的敏感神经。确实，如果说奥运会代表着竞技体育的巅峰，也许巅峰之后就应该是一种回归吧。那么，回归何处呢？如果说竞技明星是一群"超人"，那么回归就应该回归到"凡人"。相应地，在竞技体育达到巅峰之后，我国体育事业的发展应该回归到指向"凡人"的群众体育。竞技体育能够如此迅捷地达到巅峰，政府的政策支持与倾斜起到了关键性的作用；作为合理的推论，群众体育的发展也应该有相应的政府政策支持。这是笔者的某种直觉，也是笔者选择群众体育政策作为研究主题的直接动因。研究的冲动可以源于某种直觉，但是研究的行动却需要以理性分析为基础。于是，在初步拟定以群众体育政策为研究主题之后，笔者又从我国群众体育发展的历史、我国群众体育发展的现实需求与体育学科的学理分析等方面进行了求证。

我国群众体育发展的历史证明，群众体育的发展过程始终与群众体育政策的发展紧密相连，群众体育政策的特性往往决定着群众体育事业的发展态势与成效。当前我国群众体育事业的发展既是后奥运时期体育事业发展转型的需要，也是建设社会主义和谐社会的需要。尽管是在建设社会主义市场经济体制的背景下运用市场机制推进群众体育的发展，但是政府的主导作用仍然很显著，主要通过政策调节的形式得以体现。我国政府已经清晰地认识到了这点，因此出台了一系列促进群众体育发展的政策。有鉴于此，当前我国群众体育的发展首先要关注的是群众体育政策的执行，亟须提升的是群众体育政策执行的绩效。然而，众多的公共政策执行现实表明，政策的执行往往不像想象的那样顺畅，诸如"上有政策，下有对策""阳奉阴违，拒不执行""左顾右盼，敷衍了事""区分软硬，选择执行"等导致的政策执行梗阻，不仅削弱了这些体育政策的效能，而且已严重影响政府及相关部门的社会公信力。破除梗阻与疏通渠道是摆在当前我国体育政策研究领域一项亟待解决的重大课题。本研究正是采用实证研究的范式，选择中部有关省份的代表性区域进行调研，从而比较清晰地把握我国当前群众体育政策执行的阻滞机制及其根源，进而建立有效的治理策略和政策实施机制，以保障我国各项群众体育政策的顺利实施。

本研究首先构建了群众体育政策执行阻滞机制的理论模型。在现象形态上，群众体育政策主要是《全民健身计划纲要》《群众体育发展规划》等政策文本；在本体形态上，群众体育政策是关于群众体育利益的分配；在过程方面，群众体育政策是一个动态连续的主动选择的过程，包含着若干个紧密相连的阶段；在特殊性质方面，群众体育政策在活动过程和利益分配方面具有不同于竞技体育政策、学校体育政策的特殊性，即具有很强的地域性和文化性。这些构成了群众体育政策执行阻滞现象的多维分析框架，也构成了群众体育政策执行阻滞机制的概念模型。

对城乡群众体育政策执行情况的实证调查显示，自《全民健身计划纲要》颁布实施以来，各类群众体育社会团体组织不断增长，活动的内容和种类呈现多样化趋势，体育健身活动参加人数的规模在不断扩大，民众参与体育锻炼的意识得到了提升。尽管发展势态良好，但是仍然存在以下问题：一是体育活动经费严重不足，体育场馆设施建设还不完善，群众进行体育锻炼的基础服务设施得不到基本保证，这些不足在一定程度上影响了群众体育活动的可持续开展；二是场馆规划、建设在本级行政区域社会发展整体规划中相对滞后，体育、教育、文化等设施缺乏统一完整的规划；三是体育指导员队伍培训制度不完善，国民体质监测未能实现制度化、科学化；四是群众体育政策的执行未能考虑不同地方的文化差异；五是在农村，文化体育场所（设施）覆盖面仍然较窄。这些调查结果说明当前我国群众体育政策——《全民健身计划纲要》的预期目标未能完全实现，而且执行过程中还存在着一些目标偏移的现象。这足以证明，在现实中，我国群众体育政策的执行确实存在着阻滞现象。

以理论模型为分析框架，结合实证调查的数据，得到如下研究结果，在现实中，从体育政策过程的视角看，体育政策问题的认定、体育政策的制定、体育政策的评估等几个要素确实阻滞了群众体育政策的执行；从体育政策执行构成的视角看，政策执行主体的特性、政策文本的品质、政策相对人的认同、政策资源的投入等要素也现实地阻碍了群众体育政策的执行。这些要素的具体内容和相互作用关系构成了群众体育政策执行阻滞的现实机制。

依据群众体育政策执行阻滞的现实机制模型，我们提出了防治群众体育政策执行阻滞的原则与具体策略。在原则上，当前我国群众体育政策的执行必须遵循三条基本原则：一是政府责任的有限性原则，以防治群众体育政策执行中政府的缺位、错位和越位；二是群众体育的文化性原则，以防治群众体育政策执行中的文化拒斥现象；三是群众体育政策执行结果的可检评原则。

在策略方面，从政策过程的视角，提出群众体育政策执行阻滞的防治策略主要是从体育政策问题的认定，体育政策的制定，体育政策的评估这三个环节予以考虑。具体而言，当前群众体育政策问题认定的偏差主要表现为对城乡二元结构影响的估计不足；为了防治由于体育政策制定不恰当导致的体育政策执行阻滞现象，应该考虑如何建立和完善体育政策相关利益群体的利益表达机制；在政策评估上要从显示政绩式的评估向发现问题式的评估转变，实施第三方评估，同时让群众体育政策执行效果与执行主体的利益直接相关。在体育政策执行方面，防治策略从体育政策执行主体的特性，体育政策文本的品质，体育政策相对人的认同，体育政策资源的投入等维度入手。首先，要将《全民健身计划纲要》的执行主体定位为各级地方政府，然后在各级地方政府职能部门间进行合理的分工与协作；其次，为了保障条例执行获得更优的效果，建议可以随着现实条件的变化以条例的补充意见或者实施细则的形式，增补新的内容，以保障政策的灵活性与稳定性的统一；再次，要提高政策对象对于政策的信任程度和接受程度；最后，要全面保证群众体育政策执行的经费、场地、人员等资源的投入。

本书是在教育部人文社会科学研究项目基金（项目编号：09YJC880039）的资助下完成的。我要特别感谢我的恩师黄汉升教授、周登嵩教授、陈俊钦教授，是他们点亮了我思想的火花，激发了我奋进的动力，并给予了我无私的关怀和谆谆的教诲，他们的学识、人品是我前进的灯塔，受益终生。我还要感谢我的师兄杨少雄教授、同学罗建河教授、郝家春副教授等，他们都对本书给予了指导和帮助。当然，还有我亲爱的同事们，是他们的关心和帮助，才使此书有机会出版，在此一并感谢。

作　者

2016年10月于武昌桂子山

目　　录

第0章 绪 论

0.1 研究缘起

早在2008年北京奥林匹克运动会（简称奥运会）开办之前，笔者就时常听到有人在闲谈之际半开玩笑半认真地提出这样的问题："之前开了亚运会，现在开了奥运会，以后就没什么运动会好开了吧！竞技体育就是开运动会，现在达到了顶峰，再该做点什么呢?"类似的这些话语有的来自社会大众，有的来自其他学科的一些学者，他人不经意间的话语却触碰到了体育学人的敏感神经。确实，如果说奥运会代表着竞技体育的巅峰，也许巅峰之后就应该是一种回归吧。那么，回归何处呢？如果说竞技明星是一群"超人"，那么回归就应该回归到"凡人"。相应地，在竞技体育达到巅峰之后，我国体育事业的发展应该回归到指向"凡人"的群众体育。竞技体育能够如此迅捷地达到巅峰，政府的政策支持与倾斜起到了关键性的作用。作为合理的推论，群众体育的发展也应该有相应的政府政策支持。这是笔者的某种直觉，也是笔者选择群众体育政策作为研究主题的直接动因。研究的冲动可以源于某种直觉，但是研究的行动却需要以理性分析为基础。于是，在初步拟定以群众体育政策为研究主题之后，笔者又从我国群众体育发展的历史、我国群众体育发展的现实需求与体育学科的学理分析等方面进行了求证。

0.1.1 历史经验证明群众体育的发展需要政策的支持

影响群众体育发展的因素很多，有政治方面的，经济方面的，也有文化传统和科技发展方面的因素，但是群众体育政策在群众体育发展过程的主导和推动作用往往是关键性的。群众体育政策通过对群众体育价值的社会性权威分配，可以改变和优化群众体育资源的配置，变革群众乃至整个体育事业发展的环境，从而影响体育事业的发展方向和重心。自新中国成立以来，我国一直重视群众体育政策对群众体育的支撑和引领。

根据新中国群众体育政策发展的特征，有学者将其划分为四个阶段（肖谋文，2007），也有学者将其划分为五个阶段（孙葆丽等，2000），但本研究认为划分为四个阶段可能更易于掌握各个阶段的特点。

第一个阶段是我国群众体育政策的产生阶段（1949～1957年）。在政策的表现形式上，群众体育政策更多地以领导讲话的形式出现。例如，1949年9月30日《中国人民政治协商会议共同纲领》中提出的“提倡国民体育”；1952年毛泽东同志提出的“发展体育运动，增强人民体质”等。在政策的实施机构上，着手建立从中央到地方的一系列体育管理机构和体育组织。例如，1952年正式将原中华全国体育协进会改组为中华全国体育总会，同年成立中央人民政府体育运动委员会（简称中央体委，1954年改为中华人民共和国体育运动委员会，简称国家体委）。随后陆续建立健全了省（直辖市、自治区）和地、县体育委员会；成立了21个产业系统和各体育单项协会（肖谋文，2007）。在政策的宣传上，通过广播、报纸、杂志、邮票等多种途径把国家领导人对体育工作的指示变为口号，使之家喻户晓。政策实施取得了相当的成效，到1956年年底，全国共建立了30 505个体育协会，发展会员915 150人（伍绍祖，1999）。到1957年，铁路、煤矿、冶金、公安等20个系统建立了行业体育协会，成立了近4万个基层体育协会，全国职工体育协会有超过400万会员（肖谋文，2007）。

第二个阶段是群众体育政策的曲折发展时期（1958～1976年）。政策形式更多地以文件、文本的形式出现，如1958年制定的《体育运动十年发展纲要》。但受到政治环境的影响，政策的实施效果并不明显。例如，在“文化大革命”期间，体育战线的党组织和各级领导机构陷于瘫痪；《体育报》和《新体育》先后停办；各项体育制度被当做修正主义来批判，整个体育工作陷于停顿。事实证明，群众体育政策的实施并不是在一个封闭的单纯的环境中运行的，它要受到社会大环境的影响，这也为本研究设计群众体育政策执行阻滞影响因素模型提供了实践依据。

第三个阶段是我国群众体育政策的探索和创新时期（1977～1994年）。在政策形式上，既有领导的口号、讲话等，又有文件、文本，这也体现了拨乱反正过程中的转型特征。特别是到了本阶段后期，开始出现专门的群众体育政策文本和具有合法性、合理性的群众政策文件，如1993年颁布的《关于深化体育改革的意见》。在政策的实施上，同样着手建立明确的体育政策实施主体，即各级体育管理机构、各行业、系统和基层单位的基层体育组织等。这一时期的政策实施效果显著，我国群众体育事业稳步发展。1989年统计数据显示，行业体育协会由1982年的两个（中国火车头体育协会、中国银鹰体育协会）发展到14个体育协会和7个体育协会筹备组。全国已有各行业的基层体育协会4000多个，一些地区还建立了职工联合会等组织，一些城市建立了片区联合的地区体育协会、街道体育协会；体育场馆的建设也得到了改观，截至1992年年底，我国的体育场馆由新中国成立前的近5000个发展到53万多个（肖谋文，2007）。

第四个阶段是我国群众体育政策迅速发展时期（1995～2005年）。在政策形式上，以法律文本、文件，正式文本、文件为政策的主要表现形式，标志着群众体育政策日趋规范，日渐具有法律效力。代表性的政策文本包括《全民健身计划纲要》《体育法》《体育产业发展纲要》《2001～2010年体育改革与发展纲要》《关于进一步加强和改进新时期体育工作的意见》等。从统计数据上看，这一时期我国群众体育的发展取得了相当不错的成绩。

通过历史的回溯，可以看到我国群众体育的发展过程始终与群众体育政策的发展紧密相连，群众体育政策的特性往往决定着群众体育事业的发展态势与成效。显然，研究群众体育不能忽视对群众体育政策的研究。

0.1.2 当前群众体育的发展亟须提升政策执行的绩效

在2008年北京奥运会上，中国获得了金牌数第一，奖牌数也达到了创纪录的三位数。国人为中国体育健儿的骄人战绩而自豪，与此同时，以往的“金牌狂热”已大大降温，人们不仅关注金牌榜上的名次，更关注的是以人为本、享受体育的奥林匹克精神。在这个令人可喜的大背景下，中国社会对体育的认识会更加全面，体育将不仅仅只是金牌的价值，还体现在体育对社会发展所承载的作用上。这其中很重要的一点就是群众体育，如我国著名的体育社会学家卢元镇先生指出的，举办奥运会也应该收获群众体育。在奥运大战上取得了辉煌成就之后，无论是出于补偿，还是力求两条腿走路，我们理所当然地应该追求在群众体育上再铸辉煌。依此而论，当前中国的体育事业面临着转型之路，中国的群众体育事业也同样走到了转轨处。

早在党的十六大会议上，党中央就把全民族健康素质的提高、建立比较完善的全民健身体系纳入全面建设小康社会的目标序列之中。所谓小康，首先要求人的健康，“奔小康要健康，靠健康建小康”这句顺口溜表达的就是这个意思。而健康首先又是指向人的身体健康，身体健康可以说是人的健康的物质性前提，没有身体的健康难以有精神的健康，也难以有人的全面发展；同样，作为社会个体的集合，健康的社会需要健康的个体，因此没有身心健康的劳动者就不可能实现我们的小康社会（罗时铭，2006）。出于对全社会个体身体健康的要求，全民健身也就成为小康社会与和谐社会建设中不可或缺的一项。与此同时，我们也要看到建设和谐社会的过程，也正是社会主义市场经济体制确立的过程；伴随着经济体制从计划向市场的转轨，与曾经的计划经济体制相对应的各项传统体制也必然面临着改革。政府原有的群众体育发展理念、导向、目标、方式等都在发生转变。与计划经济的大一统格局相映，中国旧有的体育事业管理体制遵循的是“国家统包供给、统一所有、统一经营、统一指挥”的基本模式。各项事业的所有者、经营者、管理者都是国家，结果造成政事不分、权力高度集中、尾大不掉的局面。这一局面自然导致政府对企业、社会的干预过大。当政府过度地干预社会体育事业时，这种“强政府、弱社会”的群众体育管理体制必然不利于群众体育自身的发展。在一些群众体育发达的国家，伴随政府民主化、经济自由化和社会自治化的彰显，依托社会办体育和减少政府干预成为群众体育事业发展的主要导向，这也可以看做是个人本位价值观在体育组织形式上的反映。应当说，这种现代的依托社会办体育、减少政府干预的组织形式是符合社会化大生产和专业化分工需要的，在追求体育事业发展的效率方面有一定的优势。然而，发达国家的群众体育实践也揭示了事物的另一个方面，即仅仅依靠社会力量自发地办体育难以展现体育的多元价值，也就是说单一社会力量办体育同样存在着缺陷和不足。从历史的角度和国际比较的角度看，高度分权与高度集权的体育管理模式都不适应中国当下的国情，创建各类社会体育组织办群众体育的新体制，仍然需要发挥政府的主导作用，需要政府的政策支持。

事实上，世界各国政府普遍地认识到体育的价值，并都通过公共权力的方式介入各项体育，为各项体育的发展提供支持。国家对体育干预的主要手段就是体育政策的制定与执行，我国政府也已经出台了一系列促进群众体育发展的政策，以推进群众体育的发展。然而，制定了群众政策并不意味着马上就能推动群众体育的发展，只有采取相应的措施，才能保障已出台的政策得到有力的执行并取得预期效果，进而实现群众体育的发展。实际上，体育政策的执行往往不会像预想的那样一帆风顺，总会遇到这样或那样的阻碍。我国政府制定的各项群众体育政策的执行也遇到了类似的阻碍，从而影响国家对于群众体育的干预力度，妨碍我国群众体育的发展。

概言之，当前我国群众体育事业的发展既是后奥运时期体育事业发展转型的需要，也是建设社会主义和谐社会的需要；尽管，要在建设社会主义市场经济体制的背景下运用市场机制推进群众体育的发展，但是政府的主导作用仍然很显著；政府的主导作用主要通过政策调节的形式得以体现，而我国政府已经清晰地认识到了这点，也因此出台了一系列力图促进群众体育发展的政策。显然，当下的问题已经不再是群众体育政策决策或制定的问题，而是群众体育政策的执行问题，得不到执行的群众体育政策与完全没有群众政策是一样的。因此，当前我国群众体育的发展首先要关注的是群众体育政策的执行，当务之急是提升群众体育政策执行的绩效。为此，了解我国群众体育政策执行的阻滞因素并寻找可行的治理策略便具有了明显的现实意义。

0.1.3 完善我国体育政策学需要加强群众体育政策的研究

按照体育事业几个大的方面来划分，我国的体育政策可以分为竞技体育政策、学校体育政策、群众体育政策、体育产业政策等。所有这些体育政策，反映着国家和政府对于发展体育事业的各大主要方面的行动意图和主要导向。依据这一划分，完整的体育政策学应该包括群众体育政策学、竞技体育政策学、学校体育政策学和体育产业政策学。如果从政策过程的角度划分，体育政策学的研究又包括体育政策决策的研究、体育政策执行的研究、体育政策评估的研究。综合这两个划分维度，那么完整的体育政策学就应该包括群众体育政策学（包括群众体育政策决策研究、群众体育政策执行研究、群众体育政策评估研究）、竞技体育政策学（包括竞技体育政策决策研究、竞技体育政策执行研究、竞技体育政策评估研究）、学校体育政策学（包括学校体育政策决策研究、学校体育政策执行研究、学校体育政策评估研究）和体育产业政策学（包括体育产业政策决策研究、体育产业政策执行研究体育产业政策评估研究）。完整的体育政策学体系可如图0-1所示。

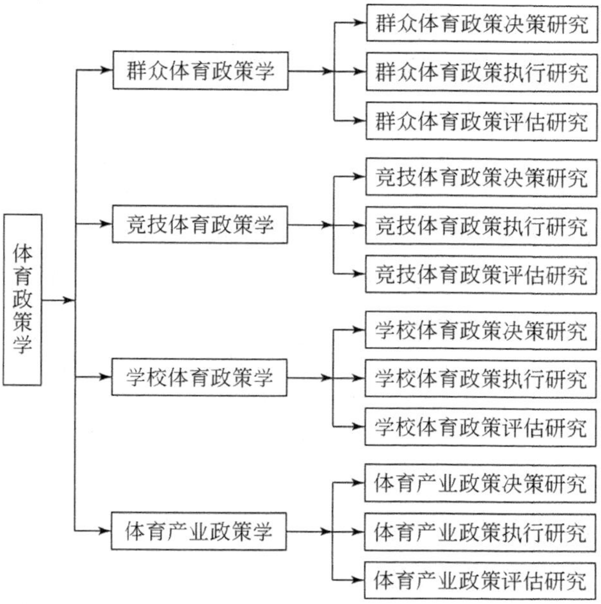

图0-1 体育政策学的研究体系

事实上，公共政策学的研究早已指出，政策的有效性不仅与政策制定过程的科学性、民主性相关，还与政策执行过程是否畅通有关。可以说关于政策执行的研究是政策学研究中一个非常重要的内容。当前人们已经看到公共政策执行过程中出现了各种政策失真、政策错位等阻滞现象，并着手进行着深入的学理探讨。尽管体育政策也是公共政策的一部分，但是它还是存在着自身的特殊性，因此关于体育政策执行的研究理应成为体育政策科学的一个重要课题。同理，关于群众体育政策执行的研究也是完善体育政策科学研究不可或缺的一部分。

0.2 研究目的与意义

0.2.1 研究目的

徒法不能以自行。一项体育政策制定以后，关键的工作还在于有效地执行。体育政策执行是体育政策生命过程中最为重要的一环，它把观念形态的政策规划转化为现实可见的政策效果，从而促成政策问题的解决。再好的体育政策如果不能得到正确地执行也只能是一个好的政策构想而非一个好的政策，政策的最终体现和现实落脚点都在于政策的有效执行。自新中国建立以后，党和政府出台了众多符合国家利益与人民意愿的体育政策（包括群众体育政策、竞技体育政策、学校体育政策和体育产业政策等）；然而，这些体育政策的执行却并不像想象的那样顺畅，诸如“上有政策，下有对策”“阳奉阴违，拒不执行”“左顾右盼，敷衍了事”“区分软硬，选择执行”等导致的政策执行梗阻，不仅削弱了这些体育政策的效能，而且已严重影响政府及相关部门的社会公信力，亦不利于和谐社会的构建。破除梗阻、疏通渠道，是摆在我国当前体育政策研究领域一项亟待解决的重大课题。本研究正是试图采用实证研究的范式，选择中部省份有代表性的区域进行调研，以《全民健身计划纲要》的实施为主要调研内容，试图比较清晰地把握我国当前群众体育政策执行的阻滞因素及其根源，进而建立有效的治理策略和政策实施机制，以保障我国各项群众体育政策的顺利实施。

0.2.2 研究意义

1. 理论意义

体育政策执行阻滞因素的研究是体育政策学的核心内容。体育政策学是一门具有极强实践意义的学科，主要研究体育政策决策、体育政策价值、体育政策内容、体育政策执行、体育政策评估等内容；其中连通体育政策的构想与实践之间的桥梁就是对体育政策执行的研究，如果没有体育政策执行的研究，其他各研究内容就会变成空中楼阁。

研究体育政策执行的阻滞因素将有助于深化我国体育政策研究，推进体育政策科学的新发展。在我国，系统和规范化的体育政策研究才处于刚刚起步阶段，体育政策学的学科体系也尚在建立之中，在研究方法上还未能突破原有的思辨范式，显得有些陈旧和狭窄，整个研究现状远未能适应体育改革与发展的迫切要求。本研究选取群众体育政策执行这一具体的政策环节，运用经济学的博弈分析、社会学的利益分析、心理学的主体动机分析等多学科的视角，结合实证调查的研究范式，探讨群众体育政策执行的阻滞因素，不仅仅实现了体育政策研究途径的创新，而且运用多学科的探讨深化了体育社会学问题的分析，也将有助于推进体育政策学的建立和发展。

研究体育政策执行的阻滞因素将有助于推进我国政策科学的深化。体育政策学可以说是刚从公共政策学这一母体学科分离出来的新兴学科。它不像公共政策学那样是对一般性的、普适性的政策问题和规律进行综合的、高度概括性的考察研究，而是只针对发生在体育活动领域中的政策问题和规律进行专门性、具有一定特殊性的研究。但是在体育政策研究的具体工作中，仍然要遵循对体育政策问题和规律进行综合性、总体性的概括研究。而且鉴于体育政策与其他公共政策相比有着公益性、长效性等特点，所以体育政策有些具体问题的研究和规律的概括也将为政策科学的研究提供参考和借鉴，并且这些研究本身就构成了整个政策科学不可缺少的一部分。

2. 现实意义

体育政策执行阻滞因素的研究有助于提升我国体育政策的质量。政策的质量影响着政策指向的特定事业，体育政策的质量则直接影响着体育事业的发展、人民的身体健康和社会的富强。各项体育事业的改革与发展都离不开国家体育政策的指导。当前，我国体育事业发展的社会背景日趋复杂，各种关系纵横交错。例如，中共中央国务院《关于进一步加强和改进新时期体育工作的意见》中所指出的：筹备和举办2008年奥运会及残疾人奥运会，既是北京市和体育界的大事，也是全国人民的盛事；既是难得的历史机遇，也面临新的挑战……。环境的复杂程度决定着决策模式的精细程度，面对日趋复杂的体育事业发展背景，过去那种“拍脑袋”式的决策方式和“不理解也执行”式的执行模式显然已经落后于时代的要求了，要满足现代体育发展的需要，革新我们的体育政策决策和执行模式就必须依赖体育政策研究的深入，提供一套科学的理论指导，使体育政策制定与执行逐步科学化。本研究可以为政府及相关部门提供政策性建议，帮助各级体育行政部门破除体育政策执行的障碍，疏通体育政策执行的渠道，保证体育政策执行的有效性，提高体育政策的绩效与质量，从而也将有助于增强政府及相关部门的社会公信力，充分发挥体育在构建和谐社会中的功能。

本研究将有助于推进体育政策的科学化与民主化。通过体育政策执行阻滞因素的探讨可以间接地为体育政策的决策提供参考意见，从体育政策内容方面澄清执行主体的责任与权利，这是体育政策科学化的重要表现之一，也是保障体育政策质量的重要措施；通过体育政策执行阻滞因素及其防治机制的探讨，有助于吸引更多的人参与体育政策的决策和执行过程，也有助于吸引更多的人参与到体育政策过程的监督之中，让体育政策更能反映人民群众对体育的需求以及国家应当承担的责任，同时还可以提高人们参政议政的知识和能力。

本研究将有助于推进体育政策的绩效化。体育政策特别是群众体育政策具有强烈的公益性质，其功利性并不显著，而且群众体育活动的影响程度和范围很多时候也不太明显。例如，全民健身活动，在短期内是很难对其做出一定终结性的评定的，因为人们的体质改善不是短期的结果。因此，群众体育政策执行绩效的显现也必然是一个相对长期的过程，对政府官员的政绩及其个人利益难以带来直接的效果，往往还会出现前人栽树后人乘凉的结果，因而地方政府一般都会把群众体育问题放在各项政务的最后予以考虑。通过体育政策执行阻滞因素的研究可以找到这些问题的根源与解决策略，无疑有助于推进和完善体育政策绩效的正确评价，让体育政策的绩效得以展现。

0.3 研究综述[①]

我国体育政策研究兴起于20世纪80年代，越来越多的体育学者开始涉足这一研究领域，亦做出了骄人的成绩。然而，笔者以为体育政策研究呈现出欣欣向荣的今天，也正是需要冷静而认真地检讨我们既有的研究成果的时候，以求知不足而后进，同时也才能找准本研究的起点之处。根据美国学者白瑞安和刘易斯（Brian and Lewis，1984）的理解，教育政策研究要从三个角度进行：一是内容（content），二是价值（value），三是过程（process）。国内学者在这个基础上将政策研究分为政策本质研究、政策价值研究和政策过程研究，我们主要从这几个方面梳理国内外体育政策研究的成果。

---

① 本部分内容参考了杨青松.2011.我国体育政策研究述评.武汉体育学校，1：19-22.

0.3.1 关于体育政策本质的研究

理解体育政策的本质与内涵是体育政策研究的起点。从目前公共政策研究的共识来看，体育政策本质研究主要包括体育政策概念的界定、体育政策特点的分析以及体育政策的分类。

1. 体育政策的定义

何谓体育政策，我国体育学者可谓见仁见智。具有代表性的有三种观点：一是将体育政策理解为党和国家制定的体育方面的行为准则，认为体育政策是国家为实现一定历史时期的体育路线和目标而制定的行动准则（钱景，1987）；体育政策是党和国家在一定的历史时期内为保证体育事业按一定路线发展而制定的行为准则（马宣建，1990）；体育政策是体育发展的行为准则，它规定与指导着体育的发展方向（李益群和李静，2003）。二是将体育政策理解为党和国家在体育方面的原则、策略、措施和办法的总和，认为政策是国家为了保证和促进社会发展所作出的重要原则和措施（邝言，1987）；体育政策是党和国家在体育方面的策略、措施和办法，决定在体育领域做什么或不做什么，是解决问题、发展体育的对策（马宣建，2004）。三是将体育政策理解为一个利益分配与实现的过程。认为公共体育政策可以被理解为公共体育资源在社会不同群体之间的分配和公众健康利益实现过程（冯国有，2007a）。

前两种观点是将政策理解为一个静态的点，是某种由人们来执行或遵守的文本；第三种观点是将政策理解为一个动态的线性过程。这两类观点都存在着不足之处：第一类观点，把体育政策理解为文本，理解为静态的点，无法反映政策过程中多个实践主体和要素之间相互作用的关系，忽视了体育政策过程的实际性质；把体育政策主要理解为必须要遵循的强制性的文本，集中体现了计划经济的社会背景下政策制定者与利益主体的关系模式，即政策制定者与政策执行者是以行政关系为特征的一种命令和服从的关系，以这样的主体关系模式为基础的体育政策显然无法面对和说明当前社会主义市场经济体制已初步确立的社会背景中政策制定者与利益主体之间的关系。第二类观点，把体育政策理解为一个动态的线性过程，虽然看到了体育政策的过程性质，但是忽视了政策过程中主体主动选择的复杂性、非线性，也忽视了政策的外部表现形态——政策文本的存在。所以，我们不妨借鉴相关学者的观点，从现象形态、本体形态、过程特点和特殊性质四个维度来全面认识和理解体育政策的涵义：在现象形态上，体育政策是体育领域政治措施组成的政策文本及其总和；在本体形态上，体育政策是关于体育利益的分配；在过程方面，体育政策是一个动态连续的主动选择的过程；在特殊性质方面，体育政策在活动过程和利益分配方面具有不同于一般公共政策的特殊性（刘复兴，2002）。

在这方面，西方学者詹姆斯·安德森和弗里德里奇对政策的界定就具有重要的参考价值。例如，詹姆斯·安德森（1990）认为政策是一个有目的的活动过程，而这些活动是由一个或一批行为者，为处理某一问题或有关事务而采取的；弗里德里奇认为政策是在某一特定的环境下，个人、团体或政府有计划的活动过程，提出政策的用意就是利用时机，克服障碍，以实现某个既定的目标，或达到某一既定的目的（Friedrich，1963）。本研究对体育政策概念的把握，既强调政策包含其活动过程，也强调政策主体的多样性。

2. 体育政策的特性

体育政策的特殊性质属于体育政策内涵研究的一部分。可惜的是，与体育政策的界定相比体育政策特点的分析似乎没能引起多少学者的注意。具有代表性的观点是认为体育政策除了具有一般公共政策的特性之外，还有利益相关性、效果滞后性和层次性等特性（李启迪，2005）。

3. 体育政策的分类

与体育政策概念界定的众说纷纭相比，体育学者关于体育政策的分类则具有较高程度的一致性。

纵向上，即按照政策的级别划分，有国家政策与地方政策，也有学者表达为元政策、基本政策以及具体政策；横向上，即按照政策调节的不同体育领域划分，有群众体育政策、竞技体育政策、学校体育政策、体育产业政策及其他体育政策等（苗治文，2006）。

0.3.2 关于体育政策价值的研究

体育政策本质上是政策主体的一种主动选择活动，而选择意味着价值理性相较于工具理性的优先性。明确的价值标准是进行政策选择的必要条件，如果一项体育政策不能体现社会大多数人所公认的价值标准，该政策就无法得到普遍的认同，就会损害社会公正，也不会得到有效实施并取得预期的效果。我国正处于社会转型和体育改革的年代，这使得我国体育政策活动中的价值问题越来越复杂、越来越突出。体育政策的价值问题也逐渐引起了体育学者的特别关注。

体育政策的价值研究主要有两种范式：一种是应然的研究，主要是分析政策主体（政策决策主体和执行主体）应该具有的价值取向和政策内容应该体现的价值取向等；另一种是实然的研究，通过政策文本内容的分析揭示政策文本和政策决策主体实际表现出的价值取向，通过政策执行状况的分析揭示政策执行主体的价值取向等。目前相关的研究，大体上是从某项体育政策内容的分析入手，揭示该体育政策实际价值取向及其缺失，然后探讨该体育政策的应然价值取向作为该政策发展的导向。

从体育政策的类别看，在横向上，主要涉及国家层面的群众体育政策、竞技体育政策、民族体育政策和国防体育政策等。例如，林少峰（2006）通过回顾新中国成立后我国政府在群众体育与竞技体育之间的战略性选择历程，指出我国体育政策在价值取向上呈现出注重群众体育—群众体育与竞技体育两条腿走路（普及与提高相结合）—竞技体育优先发展—群众体育与竞技体育协调发展的演进，其功能由单纯为政治斗争服务（新中国成立初期主要表现在为国家建设和国防服务，20 世纪 80 年代主要表现在奥运会的金牌战略）到政治功能与体育本身其他功能并行，社会经济文化等功能加强；其发展动力由简单的政治斗争需要，到体育本身规律发展的需要，体现了实践上承先启后的探索与寻求，也反映了我国体育思想的成熟与转变。饶远等（2007）通过解析我国民族体育政策的形成与发展过程，指出“坚持民族团结、坚持民族平等、坚持从各民族实际出发”是我国民族体育政策的基本价值取向。马宣建（2005a）则以我国的奥林匹克政策和群众体育政策为个案，通过历史分析指出中国的奥林匹克政策以坚持一个中国、坚持互动合作、互利多赢为基本的价值取向；开展全民健身活动，增强人民体质；群众体育是体育工作的基础和重点；群众体育与竞技体育要协调发展是我国群众体育政策的基本价值。陈彩祥和马廉祯（2007）选取抗日战争时期国民政府的国防体育政策为分析对象，指出其作为一种战时的体育政策，彰显的是体育救国的价值理想，着重的是斗争精神的养成和作战技能的训练。

在体育政策的纵向分类上，有的学者开始关注地方体育政策价值问题的研究。例如，冯火红（2007）以沈阳市的社会体育政策为研究对象，指出地方体育政策在价值导向上始终应该与国家体育政策保持一致，但并不是机械地照抄和模仿，应力求依据自身的实际有所创新、体现特色。

0.3.3 关于体育政策过程的研究

政策是一个过程，已成为政策研究者们的共识，但是政策过程包含哪几个阶段则有着不同的说法。关于体育和教育政策过程，我国学者尽管大多划分为四个阶段，但内容各异。钱景（1987）认为政策过程主要由政策制定、政策落实、政策成效和政策评估四个阶段组成；孙绵涛（1997）将政策过程分为提出政策阶段、制定政策阶段、执行政策阶段、改变政策阶段；吴志宏等（2003）的四个阶段则是政策制定、政策执行、政策分析、政策评估；袁振国（1996）认为政策过程应划分为政策议题、政策决定、政策执行、政策评估四个阶段。综合这些学者的观点，本研究认为体育政策过程包括体育政策问题的认定、体育政策的决策、体育政策的执行、体育政策的评估四个阶段。然而，纵观我国当前的体育政策研究，比较突出的是关于体育政策的决策、体育政策的执行和体育政策的评估的研究，就笔者视阈所及尚未发现关于体育政策问题的认定的著述，这也许是因为相关学者认为政策问题的认定应该属于政策决策的一部分而不具有独立地位（孙绵涛，1997）。因此，本研究将从体育政策的决策、体育政策的执行和体育政策的评估这三方面的研究展开评述。

1. 体育政策的决策

从国外文献来看，研究公共政策决策的学者较多，研究成果体现出这样一些特点：一是提供一种公共政策的决策模式，如戴伊（Dye，1987）的《理解公共政策》、詹姆斯·安德森（1990）的《公共决策》等；二是描述一种公共政策的决策原则，如格斯顿的《公共政策的制定——程序与原理》等；三是勾勒出公共政策的一般决策程序，如林德布洛姆的《决策过程》、戴伊的《自上而下的政策制定》、德洛尔的《逆境中的政策制定》等。

关于体育政策决策的研究，国内学者进行了如下方面的探讨。

首先是影响体育政策决策的因素。综合相关研究者的成果，我们认为影响体育政策决策主要因素有政策环境（社会政治、经济环境和教育环境）、决策人物（决策者、专家与智囊和行政人员）和决策组织（组织的程序或过程、组织的层级与幅度、组织机构的设置、组织的结构）。例如，钱景（1987）认为影响体育政策的因素包括体育发展因素（即体育发展的现状、规律和国内外体育发展的形势等）、社会因素（即经济、政治等与体育有关的各种因素）、科学技术因素（主要指体育及体育政策本身的科学文化程度、技术水平等）。这里的体育发展因素和社会因素属于政策环境，科学技术因素则与决策人物和决策组织相关。马宣建（2004）所分析的奥运周期对我国体育政策的影响、李建军（2002）指出加入世界贸易组织（World Trade Organization，WTO）对我国政府社会体育政策的影响，实际上分析的都是影响体育政策决策的政策环境因素。

其次是体育政策决策的步骤。在这个问题上，相关学者的观点大同小异，基本上认为体育政策的决策包括五个步骤，政策问题的确认、政策目标的确定、政策方案的设计、政策方案的论证、政策合法化与政策采纳（钱景，1987）。

最后是体育政策决策的理论模式。冯国有（2007a）从公共选择理论的理性人假设出发，指出体育政策的决策过程实际上是体育政策的利益相关者通过各种手段为追求自己最大利益的实现而进行的利益博弈。他所描述的实际上是一种政策决策的理性模式。侯令忠（2006）则客观而现实地看到人的非理性因素在政策决策中的影响，指出政策决策并非一种理想化的理性选择过程，而是充满着非理性的冲动，使得政策决策表现出非逻辑性、非程序化和非模式化的特点。他所描述的实际上是后现代主义学者所倡导的“田野式决策模式”。

2. 体育政策的执行

国外政策执行研究开始于20世纪70年代，早期偏重政策执行实务和个案研究，近些年则偏重政策执行理论分析架构及模式建立，特别是注重解释为何政策执行会随着时空、政策执行机关之不同而有所差异，试图建立能够结合自上而下和自下而上的政策执行模式。国内政策执行研究始于20世纪80年代、90年代前主要致力于引进西方的理论，90年代后开始尝试本土化。学者们从多方面归纳了我国公共政策执行偏差的可能原因，有的学者将政策执行出现偏差的根源归纳为人为原因、物质利益因素、体制因素和环境因素等；有的学者认为制约地方政府公共政策执行的主要因素有政策制定者与执行者的利益差别、信息传递的有效性、政策评估制度的健全程度、政策环境的优化程度等；也有学者分析了公共政策执行的风险因素、公共政策的合法化程度、政策目标的弹性限度、政策执行信息的非完备性、政策执行者的利益倾向性、目标团体的影响力。在分析公共政策执行阻滞的问题上，利益分析的视角似乎占据着主导地位，因为政策执行本质上是相关政策主体之间基于利益得失的考虑进行的一种利益博弈过程。利益对于政策执行问题的研究是一个极为重要的范畴。政策与利益有着密不可分的联系，政策执行主体的行为从根本上受利益驱动，主体利益矛盾或冲突的客观必然性决定了政策执行阻滞现象发生的现实可能性，如果不对利益的本质及其与政策的关系有所了解，就很难理解人们在政策执行过程中的行为动力，更谈不上对政策执行问题进行深入探讨。因此，利益分析理应成为研究政策执行问题必须遵循的基本研究方法论原则。针对政策执行过程中的诸多不顺畅的现象，有的学者提出了政策执行阻滞的概念，即政策执行活动因某种消极因素的影响而出现的不顺畅乃至停滞不前，进而导致政策目标不能圆满实现甚至完全落空的一种情形。

与一般公共政策执行研究相比较，我国体育政策执行研究只能说处于刚刚起步阶段。尽管体育政策执行研究的起步晚，但是经过我国体育学者们的研究，我国体育政策执行研究仍然取得了一定的成就。当前我国体育学者关于体育政策执行的研究给予了相对较多的关注，关注的焦点又集中于政策执行过程中存在着执行不畅、执行偏差、政策失真、政策规避等政策执行阻滞现象，以及导致这些现象的原因。

冯火红（2006）通过深入调查沈阳市的社会体育政策执行过程，指出沈阳市社会体育政策执行过程中存在着一定程度的执行不畅、效果不佳的现象，并认为导致这些状况的主要原因在于政策的明晰性不够、缺乏可操作性；另一方面，资金投入不足也是影响社会体育政策执行的一个重要因素。相关学者对山东省和广东省社会体育政策的研究也得出了相同的结论，认为一些政策文件“原则多，可操作性少”“抽象多，具体规定少”是导致社会体育政策执行不力的主要原因（宋杰和李丰祥，2004）。

学者们除了分析社会体育政策之外，还选择了学校体育政策的执行情况进行调研。研究结果显示目前学校体育政策在高职院校执行情况基本良好，但在政策实施过程中，仍存在高职体育没能按应有的速度均衡发展，政策贯彻不到位等问题。原因则在于执行者的政策水平不足、政策本身的弹性有余刚性不足、其他政策主体的参与不够等（谭震皖，2007）。

除了地方层面的政策执行研究之外，还有学者选择了5项有代表性的体育政策法规进行了全国范围内的调查研究。研究结论表明我国体育政策法规的制定与实施之间存在着显著差异，上级部门制定的体育政策法规中26%没有得到执行，有53.6%的体育政策法规因各种因素没有被完全执行，没有执行和没有被完全执行的体育政策法规竟占79.6%。导致这种状况原因主要是：①政策执行者认识不到位，重视程度不够；②对上级体育政策法规理解上存在一定的偏差；③体育政策法规的执行缺乏有效的监督和约束。当然政策法规本身也存在问题，如政策法规的制定与现实状况相脱节（杜宇峰，2003）。

由上述可见，导致体育政策执行过程中阻滞现象的原因可归结为两个方面：一是体育政策本身的缺陷，如政策目标要求过高，政策目标笼统不具体，政策资源投入不足（包括经费资源、人力资源、信息资源和权威资源），对政策执行环境中的不利因素考虑不足。二是政策执行者的问题，如执行组织机构的层级与幅度整合不当，执行者的人事缺陷，执行者与政策制定者的利益冲突，缺乏岗位责任意识，缺乏足够的合格执行人员，监督检查不力。

3. 体育政策的评估

体育政策评估包括预评价（指政策执行之前的方案评价，旨在对设计的方案进行价值分析、可行性分析和后果预测分析）、执行评价（指政策执行过程中的评价，旨在检视执行过程是否按原定政策方案进行，如果继续执行，是否达到预定目标）和后果评价（指政策执行后的产出和影响的评价，包括政策效益评价、效率评价和影响的评价）。目前关于体育政策的预评估尚不多见，执行的评价多渗透在关于体育政策执行的研究中，其余的为体育政策后果评价。学者们研究范围包括民族体育政策的效果、奥林匹克体育政策的效果（饶远等，2007）、群众体育政策和竞技体育政策的效果（苗治文，2006），以及现行体育政策的总体效果（李益群和李静，2003）等。

0.3.4 当前我国体育政策研究的不足

纵观我国二十余年的体育政策研究成果，无论是从数量还是从质量上看都有显著的发展，但仍然存在很多不足之处。

第一，体育政策研究的独立中介价值没有得到全面的、普及性的认识。在我国，许多人还认为政策是决策者的事，体育理论及其研究长期以来仅仅充当着体育政策解释者或政策合法性论证者的角色。能够影响决策的政策研究成果大多是由政府及其附属机构组织的，具有强烈的决策主体与研究主体趋同的特征，缺乏独立的政策分析和研究。

第二，体育政策研究的范围还不够完整，研究种类少。无论是关于体育政策本质的研究，还是关于体育政策价值、体育政策过程的研究，当前的研究成果都不足以覆盖这些研究理应具有的疆域，这充分说明了我国当前的体育政策研究的范围还不够完整。

第三，体育政策研究滞后于客观实际，缺乏前瞻性、战略性。当前的体育政策研究大多属于对现有政策的解释和说明，这表明了我国体育政策研究者较习惯于或热衷于现存体育政策问题的研究，遇到问题—解决问题成为一种定型的研究范式，明显缺乏预见可能存在的问题或预示发展的趋势、提前制定相关规则的研究。这些是我国体育政策研究者更多地倾向于静态地理解体育政策而造成的，导致政策研究侧重于现象形态的静态描述，政策研究变成了政策阐述，成为拥护政策的研究。

第四，体育政策研究理论基础较为薄弱。体育政策基本理论研究是体育政策研究开展的基点，是体育政策研究实践进步和健康发展的保证。但是从本研究中所收集的文献可以看到，基本上没有体育政策基本理论的专门著述。此外，我国仍没有将体育政策学作为一个学科纳入体育人文社会科学的学科群，我国体育政策学科结构的不完整、层次的不分明、方法论体系上的缺陷，这些都说明了我国体育政策研究理论基础的薄弱。

通过对当前体育政策研究文献的梳理，分析当前研究的成就与不足，为本书研究思路的理清和研究方法的选择提供了基础。

0.4 研究思路与方法

正如文献综述中内容所指出的，群众体育政策研究涉及的范围相当广泛，无论是时空上的范围，还是政策过程概念上的范围，都不是本书所能承载的，因此笔者觉得有必要先对本书的研究对象进行一定的廓清。

0.4.1 研究对象的选择

在研究的空间范围上，主要是选择当下我国中部几个省份；政策文本上主要选择《全民健身计划纲要》。首先，选择中部地区是因为该地区作为我国人口最多的地区，群众体育政策的执行情况一方面直接关系全国体育政策的执行情况，另一方面由于我国垂直的行政管理体系，每项政策的执行都有一定相似性，也可以此为窗口大致地了解全国群众体育政策执行的情况，故选择中部有关省份群众体育政策执行的阻滞现象进行研究具有相当的代表性。其次，选择《全民健身计划纲要》是因为这是我国新时期群众体育事业发展最为重要的一个政策文本，也是最具影响力和代表性的群众体育政策。

0.4.2 研究思路

本研究以体育政策执行过程中发生的执行不畅、执行偏差、政策失真、政策规避等现象（统称为体育政策执行阻滞现象）为研究对象，遵循理论分析→实证调研→模型提炼→对策应用的研究逻辑，探讨体育政策执行阻滞的内在原因及其机制，进而对症下药，提供防治策略，构建保障体育政策正确实施的机制。

0.4.3 研究方法

本研究拟采用的主要方法包括逻辑分析法、文献资料法、实证调查法和个案分析法。

1）逻辑分析法。对于政策科学研究来说，它首先依靠的是建立其抽象的、不直接应用于实际政策制定的理论结构（斯图亚特·那格尔，1990）。从现有的、被有关学科领域认可的概念、命题或理论体系出发，通过分析原始资料对其进行逻辑论证，然后在证实或证伪的基础上进行部分创新。研究开始的时候研究者通常需要根据逻辑分析或前人的研究自己预先构建一个理论，然后将其运用到当下研究现象的分析之中（陈向明，2000）。这便是本研究要采用的逻辑分析法。

2）文献资料法。本研究中所谓的文献资料法主要包括两个方面：一是收集和分析既有的相关研究文献，如关于体育政策、群众体育等研究的相关著作、论文、研究报告等。通过分析这些研究文献明确研究的起点，理清研究的思路。二是收集和分析群众体育政策的相关文本，以了解政策执行的预期，判断政策文本的清晰性等。

3）实证调查法。通过问卷和访谈调查的形式，了解体育政策执行的实际效果，为分析导致体育政策执行阻滞的原因提供可靠的数据。

4）个案分析法。由于我国具体的群众体育政策数量庞大且地域甚广，限于研究者有限的学识与可利用资源，不可能进行全方位的调查研究，只能在特定的地域调查特定的群众体育政策的执行情况，这就需要运用到个案分析法。

0.4.4 研究步骤

本研究拟分以下三个阶段进行。

第一个阶段主要是进行文献的收集与整理工作。首先是充分收集国内外研究政策执行和体育政策执行的文献，通过文献的收集与整理确定研究的起点和澄清研究的思路。其次是充分收集体育政策文本，选择有代表性的群众体育政策文本，通过分析特定体育政策文本了解该体育政策实施的预期、政策主体、利益相关群体以及价值取向等，为了下一阶段的实证调查确立指导框架。

第二阶段主要是进行实地的调查。通过现场观察、访谈和问卷等调查形式，了解群众体育政策实施的效果；分析实际效果与预期之间的差异，描绘这些差异的具体表现形式是执行不畅、执行偏差，还是政策失真、政策规避等，记录这些差异形成的过程，为下一阶段的理论提炼准备充分的数据。

第三阶段主要是进行数据的整理、分析，提炼理论框架。分析调查的数据，从理论上总结体育政策执行阻滞的影响因素模型，进而提出防治对策，构建保障体育政策正确实施的机制。

0.5 核心概念界定

清晰的概念是研究的起点。概念厘定之后才能澄清研究的范围，确定研究的主要内容，才能在具有同一性概念的基础上与他人交流，以避免陷于研究的“独语”泥潭。本研究对以下几个核心概念进行如下界定和说明。

0.5.1 群众体育与社会体育

容易与群众体育这一概念交替或混淆使用的概念社会体育、大众体育。国内学术界对此有两种认识：一是认为社会体育亦是群众体育、大众体育；二是认为社会体育与大众体育是群众体育的下位概念，它与竞技体育、学校体育构成我国体育事业的整体，即社会体育、大众体育等同于狭义的群众体育。

近年来，我国关于群众体育的代表性定义如下：①指人民大众在闲暇时间里自愿参加的，以健身、保健、娱乐、消遣和社交为目的，内容广泛、形式多样的体育活动（卢元镇，2002）。活动主体是人民大众，活动内容没有特定的限制，活动的形式也呈现多元化，但是活动的目的表现为非竞赛性。②指人民大众为达到健身、健美、医疗和消遣娱乐等目的而进行的内容广泛、形式多样的体育活动，以及这些体育活动的组织领导系统和措施。范围包括企业体育、农村体育、街道居民体育、事业机关单位体育、部队体育、社会体育和学校中的学生课余运动训练、比赛和锻炼活动等。这些活动有机地联系在一起，构成了群众体育的整体（王册山，2000）。③指以社会全体成员为对象，以增强体质、丰富余暇生活、调节社会情感为目的的、形式多样的体育活动。其固有特性包括对象的广泛性、形式的灵活性、时间的业余性、效益的社会性、项目的随意性、活动内容的传统性。主要内容包括职工体育、学校体育、民族传统体育、农村体育、老年人体育、军队体育、伤残人体育和其他体育。按照我国的习惯，凡竞技体育以外的内容，概称为群众体育（国家体委群体司，1990）。

社会体育的代表性定义有：①社会体育，亦称群众体育、大众体育。社会体育是整个体育事业的重要组成部分之一，其目的是使企事业单位职工、城镇居民、农村居民等通过锻炼达到健身、娱乐、保健、健美和医疗康复的目的。特点是参加对象的广泛性、活动时间的业余性、锻炼目的的多样性、锻炼内容的娱乐性和组织实施的复杂性（夏征农，1999）。社会体育的分类按区域特征划分有：城市体育、乡镇体育、农村体育；按性别划分有：女子体育、男子体育；按年龄阶段划分有：婴幼儿体育、儿童少年体育、青年体育、中年体育和老年体育；按职业划分有：职工体育、农民体育、军人体育；按健康状况划分有：正常人体育、残障人体育；按活动场所划分有：家庭体育、社区体育、企业体育等（陈安槐和陈荫生，2000）。②社会体育是在闲暇时间里，个人自愿参加的，以增强体质、增进健康、愉悦身心、增加交往为主要目的的自主性体育活动（董新光等，

2002)。③社会体育，指职工、农民和街道居民自愿参加的，以增进身心健康为主要目的的，内容丰富、形式灵活的群众体育活动（卢元镇，2002）。④社会体育是公民自愿参加的，以增进身心健康为主要目的的群众性体育活动。它是我国群众体育的基本组成部分，也是我国体育事业的重要组成部分。它既有别于高水平的竞技体育，也有别于学校体育和军队体育（朱琼和高铭鼎，1991）。除群众体育、社会体育之外，还有学者用大众体育、国民体育等用语表达学校体育和竞技体育以外的体育。但是这几个用语在使用的频次上，明显要少于群众体育和社会体育。从词源上分析，大众体育（sport for all）属于舶来品，是在改革开放之后才传入我国的。国民体育则主要是在新中国成立之初使用，曾被用作上位概念，等同于体育后来将其内涵进行缩减用以表达学校体育以外的体育，随后逐渐被群众体育所取代。目前国民体育这一用语已经很少使用了。

当前有部分学者认为完全可以用社会体育概念代替群众体育概念。例如，上海辞书出版社1999年出版的《辞海》就没有单列群众体育这个词条，只有社会体育，词条的解释中注明社会体育亦称群众体育、大众体育。1995年颁布的《中华人民共和国体育法》中也没有提到群众体育。然而，从概念衍生的历史角度分析，群众体育是一个颇具中国特色的本土概念。回想新中国成立之初，国家内部正处于百废待兴、百业待举的困难时期，同时国家外部还要应对帝国主义的经济封锁，“东亚病夫”的耻辱性标签并没有因为新中国的建立而瞬间消除。要改变中华民族百年的羸弱形象，建立国际地位，“增强人民体质，为祖国建设锻炼好身体”自然地就成为当时体育工作的主题。党和国家领导人也异常地重视群众的体育活动和身体体质。1952年10月毛泽东主席发出“发展体育运动，增强人民体质”的号召，在我国《宪法》也明确地规定“国家发展体育事业，开展群众性的体育活动、增强人民体质”。这些构成了20世纪50年代我国群众体育兴起的时代背景。新中国成立之初，我国对体育这一概念还缺乏深刻的认识和科学的界定，对应体育活动的认识也尚处于表象化的感性认识阶段。面对已经在人民群众勃然兴起的各类体育运动，一时间难以找到合适的词汇予以准确的描绘。当时，曾经用过的概念包括：群众性的体育活动、群众体育活动等，最后，群众体育一词获得了最大程度的认同，成为指称群众体育活动的专门概念。这种直观的称谓，是当时我党一贯倡导的群众运动的继续和反映，是政府行为主导下的一项重要福利措施，也是在计划经济体制下，为凝聚全国人民加快经济建设步伐进行政治整合的一种需要。从群众体育这一概念的发生过程和时代背景，应该不难看到这一概念所包含的政治倾向性。也正因为这一概念的政治内涵，群众体育的概念常见于体育行政部门的文件法规中，如《宪法》第21条规定“国家发展体育事业，开展群众性体育活动，增强人民体质”。中共中央国务院《关于进一步加强和改进新时期体育工作的意见》中指出，“群众体育蓬勃开展，人民体质普遍增强。竞技体育全面登上世界体育舞台，在国际赛场上屡创佳绩。（六）……实现群众体育与竞技体育的协调发展和相互促进；（七）……群众体育以全民健身为目标，（十）……二是健全群众体育活动组织，三是举办经常性群众体育活动，丰富群众文化生活。群众体育工作应努力做到亲民、便民、利民”。《中共中央关于完善社会主义市场经济体制若干问题的决定》中指出，“（34）深化文化体制改革。……深化体育改革，构建群众体育服务体系……”。在第十届全国人民代表大会第二次会议上，温家宝总理所作的政府工作报告中是这样陈述的，“群众体育和竞技体育运动取得好成绩”。《社会体育指导员手册》中指出，“各级体育行政部门的群众体育（社会体育）机构为社会体育指导员工作的主管机构，……不专设群众体育（社会体育）机构的体育行政部门和被委托的组织，……”（朱琼和李铭，1994）。尽管，从纯粹学术的角度审视，群众体育是一个政治化的术语，也许终将为社会体育、大众体育的概念所取代。但是考虑到这一概念所承载的中国特色与社会民众的心理熟悉感，这一概念仍然是一个具有相当生命力的概念；有鉴于此，本研究选择了群众体育这一术语。而且本研究作为政策学研究，实属于政治学的范畴，选择群众体育这个具有政治性的概念也更具契合性。参考学界的相关定义，本研究将群众体育界定为，除竞技体育和学校体育、军事体育以外的，普通民众自愿参加的，以强身、健体、娱乐、休闲、社交等为目的，一般不追求达到高水平的运动成绩，内容广泛、形式多样的体育活动。

0.5.2 体育政策与群众体育政策

政策来源于英文“policy”，从古汉语的词义上看，“政策”一词的本义是指政治策略的意思。弗里德里奇认为政策是在某一特定的环境下，个人、团体或政府有计划的活动过程，提出政策的用意即利用时机、克服障碍，以实现某个既定目标，或达到某一既定目的（Friedrich，1963）。加拿大学者戴维·伊斯顿（1993）认为，公共政策是对社会价值的权威分配。詹姆斯·安德森（1990）认为政策是一个有目的的活动过程，而这些活动是由一个或一批行为者，为处理某一问题或有关事务而采取的；国内学者陈振明（1998）认为政策是国家机关、政党及其他政策团体在特定时期为实现或服务于一定社会政治、经济、文化目标所采取的政治行为或规定的行为准则，它是一系列谋略、法令、措施、办法、方法、条例的总称。

在关于体育政策的界定上，我国体育学者提出了三种代表性的观点：一是将体育政策理解为党和国家制定的体育方面的行为准则。有的学者认为体育政策是国家为实现一定历史时期的体育路线和目标而制定的行动准则（钱贯，1987）。体育政策是党和国家在一定的历史时期内为保证体育事业按一定路线发展而制定的行为准则（马宣建，1990）。体育政策是体育发展的行为准则，它规定与指导着体育的发展方向（李益群和李静，2003）。二是将体育政策理解为党和国家在体育方面的原则、策略、措施和办法的总和。有的学者认为政策是国家为了保证和促进社会发展所作出的重要原则和措施（邝言，1987）。体育政策是党和国家在体育方面的策略、措施和办法，决定在体育领域做什么或不做什么，是解决问题、发展体育的对策（马宣建，2004）。三是将体育政策理解为一个利益分配与实现的过程。有的学者认为公共体育政策可以被理解为公共体育资源在社会不同群体之间的分配和公众健康利益实现过程（冯国有，2007b）。

本研究为了使概念更具包容性，本研究借鉴相关学者的观点从现象形态、本体形态、过程特点和特殊性质四个维度来认识和理解体育政策的涵义：在现象形态上，体育政策是体育领域政治措施组成的政策文本及其总和；在本体形态上，体育政策是关于体育利益的分配；在过程方面，体育政策是一个动态连续的主动选择的过程；在特殊性质方面，体育政策在活动过程和利益分配方面具有不同于一般公共政策的特殊性（刘复兴，2002）。这一体育政策概念既强调了政策包含其活动过程，也强调政策主体的多样性；这也是研究政策执行问题需要特别关注的两个方面。

在本研究中，群众体育政策的现象形态主要是《全民健身计划纲要》《群众体育发展规划》等；群众体育政策的本体形态是对社会各阶层体育权益的分配；在过程方面，主要是群众体育政策的执行过程，但是也可能会涉及政策的制定和评估过程，因为它们是一个动态连续的主动选择过程中紧密相连的各个阶段；在特殊性质方面，群众体育政策在活动过程和利益分配方面具有不同于竞技体育政策、学校体育政策的特殊性，即具有很强的地域性和文化性。

0.5.3 政策执行与执行阻滞

国内外学者关于政策执行的涵义，主要有以下两种代表性的观点：一是认为政策执行是一种过程。例如，宁骚（2003）将政策执行表述为政策执行主体为了实现政策目标，通过各种措施和手段作用于政策对象，使政策内容变为现实的行动过程。二是认为政策执行是一系列活动或行为。例如，美国的查尔斯·琼斯（Jones，1977）认为政策执行是将一种政策付诸实施的各项活动，在诸多活动中，又以解释、组织和施用三者最为重要。所谓解释是将政策的内容转化成一般人所能接受和了解的指令；所谓组织乃是设立政策执行机关，用以拟定执行的办法和落实政策；所谓施用即由政策执行机关提供例行性的服务与设备，支付各项经费，进而完成政策目标。张金马（2004）、谢明（2004）认为政策执行是政策执行者通过建立组织机构，运用各种政策资源，采取解释、宣传、实验、实施、协调与监控等各种行动，将政策观念形态的内容转化为实际效果，从而使既定的政策目标得以实现的动态过程。其实，这两种观点并不矛盾，过程往往是通过一系列的活动或行为才得以体现和展开的。因此，我们不妨综合这两种观点，将政策执行理解为：政策执行主体为了实现政策目标，通过各种措施和手段作用于政策对象，使政策内容变为现实的行动过程；这些措施和手段包括建立组织机构，调配使用政策资源，进行政策解释、宣传、实验、实施、协调与监控等。

根据国内学者丁煌的界定，所谓政策执行阻滞是政策执行活动因某种消极因素的影响而出现的不顺畅乃至停止不前，进而导致政策目标不能圆满实现甚至完全落空的一种情形。本研究也沿用这一界定。

0.5.4 机制与政策执行阻滞机制

机制一词来源于希腊文“mechane”，意指机器的构造和动作原理。把机制的本意引申到不同的领域就形成了不同的机制。例如，引申到社会领域，就形成了社会机制；引申到教育领域，就形成了教育机制；引申到体育政策领域，就形成了体育政策机制。社会机制指的就是社会现象各部分之间的相互关系及其运行方式；教育机制指的就是教育现象各部分之间的相互关系及其运行方式（Dye，1987）。依此类推，我们政策执行阻滞机制就是导致政策执行阻滞的各因素之间的相互关系及其运作方式。

0.6 本书架构

本研究主要分为如下几个部分：

第一部分为绪论部分，介绍研究的缘起，梳理既有的相关研究，界定相关核心概念，借以澄清研究的范围、思路与基础。

第二部分为我国群众体育政策执行阻滞现象的理论分析，主要是根据公共政策理论，结合群众体育政策的本质与特点，对可能导致我国群众体育政策执行阻滞现象的因素进行分析。提出我国群众体育政策执行阻滞因素的概念模型，并为第三部分的实证调查提供指导。

第三部分是通过实证调查了解我国群众体育政策执行阻滞现象的现状。调查范围主要选择中部有关省份的一些省市，调查对象包括政策对象（城乡居民）和政策执行主体（地方教育行政官员）。

第四部分是结合实证调查的数据分析导致我国群众体育政策执行阻滞的现实影响因素，进而在这些数据的基础上结合第二部分构建的我国群众体育政策执行阻滞因素的概念模型，修正为我国群众体育政策执行阻滞因素的现实模型。

第五部分主要是针对导致我国群众体育政策执行阻滞因素的现实影响因素提出相应的防治策略，以期提高我国群众体育政策执行的绩效。本研究技术路线及架构如图 0-2 所示。

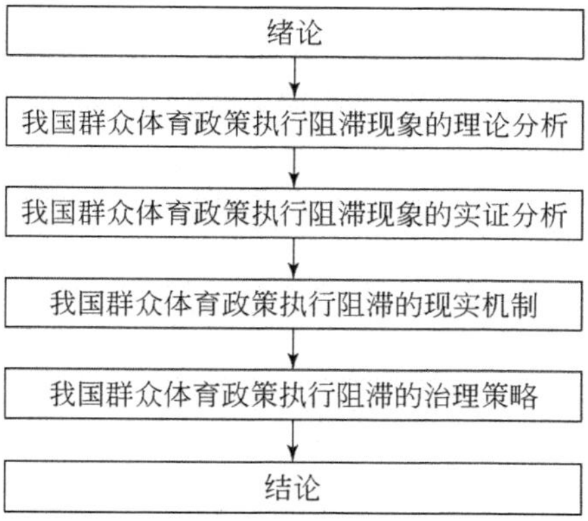

图 0-2　技术路线及架构图

第1章　我国群众体育政策执行阻滞现象的理论分析

正如前文所述，本研究是从政策的现象形态、本体形态、过程特点和特殊性质四个维度来认识和理解群众体育政策的。在现象形态上，群众体育政策主要是《全民健身计划纲要》《群众体育发展规划》等政策文本；在本体形态上，群众体育政策是关于群众体育利益的分配；在过程方面，群众体育政策是一个动态连续的主动选择的过程，包含若干个紧密相连的阶段；在特殊性质方面，群众体育政策在活动过程和利益分配方面具有不同于竞技体育政策、学校体育政策的特殊性，即具有很强的地域性和文化性，这是因为不同地域和文化环境下竞技体育活动的内容可以是一样的，学校体育活动的内容也可以是一样的，但是群众体育活动的内容往往难以是一样的。这一概念为群众体育政策执行阻滞现象提供了多维度的分析框架。

1.1　群众体育政策执行阻滞现象中的政策过程因素分析

在将群众体育政策理解为一个动态连续的主动选择过程时，群众体育政策过程又包含着若干个环节和阶段，其中每一个环节或阶段间都是相辅相依、环环相扣的，任一环节的偏差都可能导致其他环节出现问题。这点已经成为政策研究者的共识。因此，群众体育政策过程中的其他环节都可能成为导致政策执行阻滞的因素。所谓群众体育政策执行阻滞现象中的政策过程因素分析就是分析政策过程中其他环节对政策执行这一环节的可能影响。目前，相关学者间比较一致的观点是将体育政策过程划分为四个阶段：体育政策问题的认定、体育政策的制定、体育政策的执行、体育政策的评估。据此，群众体育政策执行阻滞现象中的政策过程因素分析就是要分析体育政策问题的认定、体育政策的制定、体育政策的评估这三个环节何以可能导致群众体育政策执行的阻滞。

1.1.1　政策问题认定对群众体育政策执行的影响

政策源于对社会公共问题的回应，可以说政策运行的逻辑起点正是公共问题，正如戴伊（Dye，1987）所说，“凡是政府决定做的或不做的事情就是公共政策”，然而并非所有的公共问题都会成为政策问题。因而政策过程的起点处就存在一个政策问题的认定过程。政策问题的认定是公共管理中非常重要的一个政策环节，因为只有政策问题认定准确，才有可能有针对性地去解决公共问题；如果政策问题认定不准确，那么就犯了政策科学学者威廉·邓恩（2002）所表述的“第三类错误”，即我们很可能是在用正确的方案去解决错误的问题，“我们做得正确，但不是在做正确的事”，这样不仅不利于公共问题的解决，反而很有可能带来新的问题。一般而言，政策问题的认定会受两方面因素的影响：一是政策问题认定者的利益冲突；二是政府的政策问题认定能力。

公共政策作为对社会价值的权威性分配，其实质在于通过某项政策不让一部分人享有某些东西而允许另一部分占有它们。换句话说，不论是为了一个社会还是为了一个范围狭小的社团，或者为了其他任何集团，一项政策包含着一系列分配价值的决定和行动（戴维·伊斯顿，1993）。所谓的“价值”其实是“利益”，即公共政策的本质是对社会公共利益的集中反映，政策过程就是各种利益关系的协调过程（陈庆云，1996）。从公共政策的决策到政策执行再到政策评估等环节都贯穿着利益关系，作为公共政策起点的政策问题确认阶段其实也正是利益确认的阶段。从利益的视角看，政策问题的认定实质上是一个利益选择的过程，只有得到相应认同的利益诉求才可能进入政策决策的过程。从公共政策所要求的公共性而言，政策问题认定中所要确认的利益只应该是公共利益。然而，公共利益的确认一方面需要有公共利益的充分表达，另一方面又需要公职人员能够克服利益冲突。按照戴维·伊斯顿的系统理论，面对各种不同团体和个体的利益诉求，环境对系统的压力和群体要求对当局所施加的压力是政府当局最终择定政策的基本动力。压力的轻重程度决定了当局对政策方向的选择。换言之，只有群众性利益诉求足够强烈的时候才会被认定为政策问题，进而进入政策议程。然而，当前我国公共政策过程中群众性利益得不到充分表达，难以形成足够强烈的利益诉求，从而影响政策问题的认定，最终导致政策的失败。群众利益的表达贫弱主要表现为：①群众性利益输入缺少多样的制度化渠道，导致分散的群众利益诉求难以充分表达。随着计划经济向市场经济条件的转轨，每个社会公民都逐渐成为独立的经济利益主体，有着不同经济利益的每个公民也就有着不同利益要求，原来基于“单位”而构建起来的具有高度同质性的社会利益结构日渐分化。在群众利益诉求日趋多样化的同时，原有的制度化利益输入渠道却并没有跟上时代变革的步伐。时至今日，这种单一的、笼统的制度化渠道已经难以适应实际需要了。我国的制度化利益输入渠道主要包括各级党政部门、人民代表大会、中国人民政治协商会议、民主党派和群众性社会团体等。在量上呈现出多样化的态势，但这些渠道都以反映政治权益为主，缺少具体社会经济利益要求的有效输入，在质上呈现为单一化的特性。正如前面指出的，随着社会主义市场经济体制的建立，群众利益要求逐渐趋于细微化，社会问题趋于分散化，许多涉及人民群众基本利益的社会问题，很难通过这些渠道来加以表达。②现有的群众性利益输入渠道的输入效能不足，难以有效表达群众意愿，从而导致群众的利益诉求难以产生必要的社会影响和社会压力。正如前文所指出的，并不是所有的公共问题都会成为政策问题，同样并不是所有的群众诉求都会引起社会政治系统的反应。公众诉求必须能够给社会政治系统足够压力时，社会政治系统才会积极地回应，并将公众诉求转化为政策问题。换言之，只有足够强烈的公众诉求才能将群众性的利益要求转化成相应的公共政策问题。这种强烈的程度或压力往往是通过舆论或特定的传输渠道来造就。因此，某些群体也存在着刻意地制造舆论和压力，将并不具有特殊现实重要性的利益诉求转化为政策问题。事实上，这种做法会对政策问题的准确认定产生一定的干扰，所以应该要求在输入群众要求时，不要刻意营造舆论、制造压力，只要使政策决策层充分认识到问题的重要性。就当前而言，群众性利益诉求的输入渠道中间环节太多，各环节中官僚作风严重，结果往往形成了群众意见人微言轻、不受重视的局面，这是导致群众性利益诉求难以获得政策的充分表达的一个关键。③群众民主政治观念和独立表达意识的欠缺导致自主表达利益要求的能力不足，从而难以通过输入渠道有效地反映自己的利益要求。利益输入并不是一种单向度的过程，而是一种双向联动过程，利益诉求主体先要有意愿的主动表达，输入渠道才能实现传输功能。对于中国的民众而言，由于长期受到传统文化的影响以及“官为父母”的旧有观念，使得大部分群众习惯性地寄希望于某个海瑞或包青天式的领导干部主动维护他们的利益要求，而自己并不直接主动地去表达利益愿望。甚至是在自身权益受到侵害的情况下，仍然是寄希望于上面派下来一个“包青天”帮他们申冤。这种依赖性过强的利益输入意识日益限制和束缚了群众自主表达意愿、反映要求的活动能力，也妨碍了我国民主政治的进一步发展。另外，即便群众性利益得到了充分表达，这些利益表达还需要经过政府的筛选，由政府决策者选择哪些利益诉求可以成为政策问题，哪些暂时不纳入政策考虑范围之内。政府并不是一个脱离于人的某种实体，它也是由一个个具体的公职人员所组成的，政策问题的认定正是需要通过公职人员去认定。事实上，公职人员也有着自己的利益诉求，也希望自己的利益能够在政策中得到表达；他们的私人利益往往是与群众性的利益混杂在一起的，但是他们却掌握着确认利益的主动权。于是，在问题的确认阶段，所确认的利益很有可能是公职人员的私人利益，而不是社会的公共利益，此刻公共政策就有可能沦为公职人员谋私的工具。在现实生活中，某些公职人员特别是领导者甚至是在确定自己的利益目标后，才把与之相关的事务作为政策问题。其结果是政策决策过程受到长官意志和本位主义的支配，既损害了决策的公正性，使政策问题缺乏社会现实性，这也会直接导致公共政策执行的阻滞现象。

除了政策问题认定中的利益冲突影响之外，政府的政策问题认定能力也影响着政策问题的科学性与现实性。政府的政策问题认定能力主要包括两个方面：一是正确地认定该政策问题的本质、原因、性质和可能的不利后果，即这个政策问题是一个什么样的问题，是发生在哪个领域的问题，它对该领域以及社会其他领域有着怎样的影响等。二是政策问题的认定要恰逢其时，这就是说，认定政策问题不能过早也不能过迟。公共问题还只是个案或特例，其影响尚不明确时，就显得过早；但是如果公共问题已经造成了巨大的社会影响，人们甚至已经开始质疑政府的能力时，此时再认定政策问题就显得太迟了。在政策问题认定阶段，政府的政策问题认定能力主要体现于能够在恰当时机准确地发现和界定政策问题，而政府能否做到这点，则受到政策问题搜寻系统的影响。政策问题搜寻系统是由政府（立法、司法、检察、行政）、政党、新闻媒介、专业分析研究机构、社会团体、企事业单位和社会个人所构成的对政策问题进行普遍搜寻和发现的综合工作体系。在理论上，每个工作部门都有着自己特定的视域，有着对特定社会生活领域中公共问题的敏感性，会敏感地发现和提出相关的政策问题。这些工作部门彼此协调就能够形成一个球态的立体视角来关注社会生活、提出政策问题，此时我们可以说政府的政策问题搜寻系统是完整而且运作良好的。相反，如果各个工作部门未能充分发挥自己检测社会生活、发现社会问题、提出政策问题的功能，那么这个政策问题搜寻系统便是不完善的，政府对政策问题的反应将会比较迟钝，有时候甚至根本意识不到政策问题的存在，政府的政策问题认定能力也就显得羸弱。在现实中，我国当前的政策问题搜寻系统属于一种不完善的系统，政策问题仍然以内部输入为主，政府、政党（主要是中国共产党）、企事业单位（主要是具有行政职能的企事业单位）、专业机构（主要是政府内的政策研究机构）承担着主要的搜寻政策问题的责任，而一般的社会团体、企事业单位、专业机构、新闻传媒、社会个人则在政策问题搜寻中没有起到应有的作用。这样，尽管政府部门可以发现一些重大的政策问题，但往往错失了一些不易被察觉但非常重要的政策问题，这在相当大的程度上降低了政府的政策问题认定能力。

群众体育政策问题的认定作为体育政策过程的第一环节，有其相对独立的过程，对整个群众体育政策过程起着至关重要的作用。群众体育政策问题的认定不准确或者发生偏差，会影响到体育政策决策缺乏指向群众体育问题的针对性，进而会影响群众体育政策决策的执行，让群众体育政策的执行遭受更多的阻力，可以说良好的体育政策问题认定状态是体育政策顺利执行的先决条件。群众体育问题转化为群众体育政策问题也有相应的标准。第一，要确定群众体育问题的影响范围。某个群众体育问题是全国性的问题，还是地方性的问题或某一小区域的问题；是普遍现象还是个案特例；是长久以来的问题，还是即时突发的问题。第二，要确定该问题是否清晰。问题的本质是什么，起因是什么，涉及的主要对象是哪些人，如果不予以及时解决会有怎样的不良后果。第三，要确定问题的严重程度。该群众体育问题客观上严重到了什么程度，在群众的认识中又严重到什么程度。当然，问题的严重性问题是一个具有相对性的问题，因为对问题的严重性进行评估离不开人的主观判断，不同的价值观念、态度立场、思维方式和认识水平对问题严重程度的认定往往是不同的。对这两种程度差异的正确判断，直接关系到群众体育政策问题认定的及时性与准确性。第四，要确定影响该问题的关键性因素。如要厘清该政策问题是由群众体育自身的原因引起还是社会问题在群众体育上的反映。第五，要考虑政策的代价。一个群众体育问题什么时候成为一个政策问题，在什么地方成为一个政策问题，通过什么方式解决以及解决到什么程度等都要考虑群众体育问题的代价，即考虑解决某一群众体育问题付出的代价是多少，可能获得的回报是多少，是付出高于回报，还是回报高于付出。第六，要考虑政策问题认定是否具有导向性，是否优先考虑了代表着发展和变化的未来趋势的问题。第七，要考虑该政策问题是否可以评估。政策是否具有明确的目标和目标达成的指标。确定群众体育政策问题的过程有着应该遵循的程序，需要多方人士的参与，避免仅看体育问题的表面现象。总之，问题的性质、广度、严重性与代价等是影响群众体育政策问题认定的关键性因素。

1.1.2 政策制定对群众体育政策执行的影响

公共政策内容的科学性与合理性是公共政策能够顺利实施的必要条件，要保障政策内容的科学性与合理性，就要遵循科学合理的政策制定程序与原则。

从利益分析的角度，我们可以将公共政策的制定过程看作是一个公众的利益分配同步的动态过程。在这一过程中，各个相关利益群体各尽所能地通过相应的渠道参与政府决策，力争最大限度地把自己的利益诉求投入到政策制定系统中，而不同利益群体为实现其利益的最大化相互进行博弈。在理想的状态下，公共政策的形成应该是平等博弈的结果，但是现实往往并非如此。因为各个利益集团之间必然有着强势与弱势之间的划分，弱势利益集团因为社会资源的匮乏，一方面难以争取到相应的参与权，另一方面也难以最大程度地表达自己的利益诉求；而强势利益集团因为可利用的社会资源较多，甚至可以就某些利益关系重大的问题向政府讨价还价，施加压力。政府决策过程实际上是各种利益集团争取影响政策的过程，在这种影响下，政策便成为各种利益集团竞争后所造成的均衡。美国学者约翰·克莱顿·托马斯（2005）认为，公共管理者在政策执行过程中面临的时间约束和在政策制定过程面临的时间约束呈反向函数关系。如果公共管理者花较多的时间吸引较多的相关公众参与决策制定，那么，就会因为决策赢得广泛的支持而加速决策执行的进程。相反，如果公共管理者为了节省时间而将相关公众排斥在政策制定之外，那么，就会延缓政策执行的速度，因为，那些被排斥在决策之外的公众会抵制政策，从而拖延了执行的进程。就我国的现实而言，社会基层的群众在政策制定的位置上长期处于一种缺席的状况，其结果要么是公众不承认公共政策的必要性，要么缺乏对政策内容的认同度。政策的科学性和公正性因此受到影响，公众对公共政策的态度冷漠，“上有政策，下有对策”成为一种社会心态和社会潜意识，结果只能是导致政策执行失效。换言之，公共政策制定过程中的公众参与会对政策执行产生重要的影响。这种影响可以体现在如下几个方面：①公众参与政策制定可以促使政府政策与公众需求相契合。只有充分反映了公众需求的公共政策才能得到公众的拥护从而得到有效的执行，公共政策要反映公众的政策需求，就必须先充分了解了公众的政策需求，这就要求让公众参与政策的制定。如果公共政策只是由少数政府官员“拍脑袋”作出的，如果公众难以理解和认可其必要性，即便这个政策的内容是好的，这个政策往往也只能被看做是失败的。②公众参与政策制定可以加深公众对公共政策的认同感，增强公共政策的合法性。在现代社会中，公共政策的合法性来自于社会公众的普遍认同和接受。因为政策制定或重新界定的是公众之间的利益关系，这种利益的调整和重新界定只有通过公众的认知和确认才能发挥效果（胡宁生，2000）。如果公众被排斥在政策制定过程之外，对政策制定背景和过程毫无所知，面对自己一无所知的政策人们是难以给予普遍的认同和接受的，这样必然会导致政策执行效果大打折扣。③公众参与公共政策的制定有利于克服公共政策的有限理性，提高公共政策的科学性。官僚体制的专家无法获得制定政策所需要的全部信息，甚至得不到正确的信息，排除公众对重要决策的参与，将会造成政策上的失误。即使政策制定核心主体能够获得足够的政策信息，也会由于他们知识结构和个人知识储备上欠缺等理性因素的约束而导致政策失败。政策失败往往会引起连锁反应。正如混沌理论指出的：今天北京的一只蝴蝶扇动翅膀，也许在三个月后会引起纽约的一场大风暴。这就是所谓的“蝴蝶效应”，任何微小的输入变化，经过时间的放大，都可能引起差异巨大的结果改变。换言之，即使失败的政策起初只是一个很小的错误，只要实行的时间足够长，就会像“蝴蝶效应”一样，经过不断地放大而最终引起危害无穷的制度设计；而公众参与有助于减少政策失败。

公共政策的制定不仅仅要受到相关利益主体的影响，还要受政策制定主体的影响。可能引发政策执行阻滞的政策制定主体因素包括：①政策制定主体素质的不高。政策制定主体有两个因素深刻影响政策的质量。一是能力因素。政策制定者如果没有接受现代政策科学知识的训练，缺少科学、有效制定政策所具备的系统理论，缺少战略远见和技术方法，同时又没有科学化、民主化的决策意识，就很容易导致政策的失误和偏差。二是利益因素。公共政策制定主体面对各方利益的压力，要找到各方利益的平衡点并不是一件容易的事情，特别是在政策制定者私心较重的情况下，就更难保障公共政策的公平公正、合情合理。②政策制定主体在政策认知中的缺位。由于政策的制定和政策的执行是分开的，政策的制定者不同于政策的执行者，政策制定者的政策意图和目标与执行者以及政策目标群体对政策的理解之间自然有存在差距的可能。政策制定主体对政策制定过程的全程参与和主导，对政策内容和精神掌握有绝对的优势和权威，换言之，他们应该是最能贴近事实地去理解政策的目标和意图的，因此他们本应该在政策的学习和宣传中发挥重要的作用。然而，现实中政策制定主体的这一功能往往被忽视了，政策的目标和意图要靠政策执行主体自行理解，结果当政策由于理解错误而发生执行偏差时，或由于政策的目标群体不配合不支持导致执行困难时，人们又简单地把责任归结为政策执行主体的能力低下或失职。③政策制定主体对配套政策和再决策的忽视。政策制定主体在制定具体政策时，还应该从两个方面为政策的执行提供保障。横向上，提供配套政策。一项政策的执行，往往需要配套出台一系列辅助政策，为该项政策的执行提供必要的辅助条件。纵向上，要及时进行再决策。由于环境的变化、人们认识水平的深化，政策偏差的产生或政策副作用显现等情况，需要政策制定主体在政策执行中进行政策的再决策。要根据环境的变化、人们对问题认识的变化以及政策产生的新效应，对原有政策的增删、更新或修正，使之更符合现实的需要。但在现实中，政策制定者往往认为制定出了一个所谓的科学合理的政策就万事大吉了，从而忽视配套政策或政策再调整的意义，结果要么导致孤立无援的政策寸步难行，要么导致过时的政策仍然要去执行，这必然会影响政策执行的效果。

事实上，在公共政策的制定过程中制定主体的情感和偏好也会影响政策的执行。一般认为，政府作为政策的制定者是为公众利益服务的，政府部门不存在自己的利益，它只代表公众的利益选择。但是，以布坎南为代表的公共选择理论认为政府在很大程度上也是一个“经济人”，这一观点引起人们对政府自身利益的关注。对照现实，人们越来越认同这样的观点，即政府会追逐自身利益的最大化，政府本身存在自利性。依据“经济人”的假设，政府在公共政策制定（或执行）过程中，会受到自己私利的影响，政府部门会把部门利益的追求渗透到政策内容中，有时甚至以部门利益替代公共利益，从而有可能导致公共政策偏离公众公共利益。这些情况在群众体育政策的制定中也会出现从而影响着群众体育政策的执行。

1.1.3　政策评估对群众体育政策执行的影响

政策评估是依据一定的标准和程序，对政策的执行过程以及执行后的效果所作的事实和价值判断，以便为政策的执行改进和政策内容的修订提供依据；政策评估是政策过程中一个重要的组成部分。结合政策运行过程的程序，我们可以将政策评估划分为三种类型，即预评估、执行评估、后果评估（袁振国，1996）。预评估是指政策执行之前的方案评估，旨在对设计的方案进行价值分析、可行性分析和后果预测分析；执行评估是指政策执行过程中的评估，旨在检视执行过程是否按原定政策方案进行，如果继续执行是否能达到预期目标；后果评估则是对政策执行后的产出和影响进行的评估，包括政策效益评估、效率评估和影响评估。可见，政策评估是制定新政策的必要前提，也是调控政策执行过程的有力工具，可以直接影响政策的执行状况。然而，当前的政策评估特别是群众体育政策的评估还存在着诸多的问题，这些问题都可能导致群众体育政策执行的阻滞现象。

以色列学者内伏认为，一次完整的政策评估应包含下面 10 个方面的内容：评估的定义、评估的功能、评估的对象、应该调查的变量、应该使用的准则、评估的听取人、评估的过程、调查的方法、评估者的特征、判断评估的价值和优缺点的标准（瞿葆奎，1989）。以此为线索，我们可以将体育政策评估可能存在的问题概括为以下几种①：①政策目标的不确定性。在体育政策问题认定和体育政策制定的过程中，体育政策的目标由模糊逐渐清晰，在政策付诸实施前需要对体育政策进行预评估，对体育政策目标可行性和合理性进行审查是预评估的重要任务。然而，体育政策的目标往往也会处于变动之中，因为体育政策的问题认定和制定本身就受到政治、经济、文化、人口等方面的影响，这也导致政策执行的过程中难以完全明确政策的目标，只能是随着体育政策执行过程的演进，根据实际情况适时调整政策目标。此外，一般而言，群众体育政策涉及面广，需要兼顾方方面面的利益和要求，这也在一定程度上导致政策目标不可避免地出现分散、不明确的情况。群众体育政策目标的不确定性也成了政策评估中的难题，导致政策评估的科学性受到质疑，影响评估意见的可接受性和对政策执行过程的指导性。②政策评估的方法亟待改进。目前常用的政策评估方法主要有前后对比法、对象

---

①　该思路受到学者刘孙渊的启发。刘孙渊 . 2002 我国教育政策评估存在的问题及对策 . 扬州大学学报（高教研究版），2：40-44.

评定法、专家判断法和自我评定法。每一种评估方法有其优势，如前后对比法为评估活动提供了基本的理论框架，对象评定法扩大了政策评估的范围，专家判断法提高了评估活动的客观性，自我评定法使得政策评估活动经常化。当然，每一种评估方法也各有其不足。就前后对比法而言，前后对比的意义所在要求统计数据都是真实可信的，然而我国有些地区统计数字的真实性是颇值得怀疑，有些领导干部热衷于搞形式主义，评估不是为了以评促改，而是炫耀工作绩效的手段，所以无论政策的实际效果如何，政策评估的结果总会是成果辉煌，政绩卓著。在对象评定法中，由于参与评估的政策对象可能不完全了解政策对自己的影响，而仅仅从当下获得的积极利益或自我利益受损的情况判断政策的好坏，结果是政策评估与客观实际之间产生了的分离。专家判断法的实施在很大程度上依赖于专家的专业素质和职业道德，中国社会的“超级人情大国”特性对专家判断法的客观性、准确性造成一定的负面影响。自评法的不足之处显而易见，政策执行人员参与政策过程，政策效果的好坏直接影响其声誉和工作，因而不免会出现文过饰非、隐恶扬善的情况。这些问题有些是评估方法本身存在一定的局限性，有些则是评估方法对本土文化的适应性问题。总之，既有的政策评估方法都有待进一步的改进。③难以确定政策行动与环境改变之间的因果关系。我们在评估一项群众体育政策时，总希望能在政策行动与实际社会体育情况的改变间建立一种因果关系，即实际社会体育情况的改变确系政策行动的结果。但是实际社会体育情况的改变往往会受到某些体育政策以外的其他因素的影响。例如，经济政策、文化政策、教育政策等都会影响群众体育事业的改革与发展，这些因素的影响甚至会强于某项群众体育政策的影响。特别是在我国，群众体育政策在实际的政策运行过程中，往往缺乏相对的独立性。④政策效果的多样性和影响的广泛性。群众体育政策行动的效果往往是多重的，有些是正向的，有些是负向的，有些是显性的，有些是隐性的。群众体育政策的执行效果和影响甚至常常会出现政策制定者意料之外的非预期的情况。⑤政策信息系统不完备，难以获取有效评估数据。充分的信息和数据是政策评估的基础，政策信息不完备就难以保证政策评估的科学性和可靠性。我国的群众体育政策信息系统还处于初创阶段，统计口径与国际标准不尽一致，而按照不同口径统计的数据之间差异很大，非专业人士往往难以区分其中的差别。更有甚者，有些地方的群众体育政策执行机关根本不重视信息管理，既有的信息和数据要么残缺不全，要么是些老旧无用的数据，基本上不能反映当下的体育发展状况，群众体育政策信息系统的建设也处于停滞状态。⑥政策评估的经费不易取得，专业人才缺乏。群众体育政策评估不会带来直接的经济收益，相反，还需要投入相当的人力、物力、财力和时间。在现实中，群众体育政策评估的重要性和价值还未引起人们的广泛关注，特别是我国长期以来习惯于听从上级指示，甚少对政策本身的科学性、合理性和可行性提出质疑。全面考察群众体育政策从问题认定、制定到执行全过程的群众体育政策评估更是刚刚起步。一方面，政策评估似乎只有投入没有产出，另一方面难以感受到政策评估的必要性，结果是谁也不愿意为政策评估投入经费，经费的匮乏又严重地制约着群众体育政策评估工作的开展。不仅如此，群众体育政策评估的专业人才也十分匮乏，政府机构和学术界对于群众体育政策评估的关注和研究才刚刚开始，受过严格专业训练，具有扎实基础知识和熟悉评估方法和技术的人才可谓寥若晨星。就现有的政策研究机构而言，也难以承担政策评估的任务，因为这些机构的主要功能是为政府决策提供咨询，当好参谋，或者完成政府委托的研究项目，其各项经费也主要来自政府，很少有其他的来源。所谓吃人家的嘴短，在这种情况下，很难寄希望他们可以做出客观的政策研究和政策评估。

1.2　群众体育政策执行阻滞现象中的政策执行因素分析

在现象形态上，群众体育政策主要是表现为政策文本；而群众体育政策的执行就是群众体育政策执行者按照一定的政策文本和方案，运用各种政策资源，在一定时期内为实现政策目标，把体育政策文本所规定的内容转化为有效现实成果的双向互动过程。从系统论的观点看，群众体育政策执行又是由执行主体、政策文本、政策的相对人（即政策所规范的对象）和政策资源等要素构成的系统整体，系统中各要素间存在着相互依赖、相互制约的关系，任一要素功能的发挥都有赖于其他要素与之适应和配合，任一要素的不合理、不协调都会引起矛盾，进而产生政策执行的阻滞效应。

1.2.1　政策执行主体特性对群众体育政策执行的影响

政策执行主体，是指负责落实政策目标的人和组织。所谓政策执行主体的特性主要包括政策执行组织的特性和政策执行人员的特性。政策执行组织的特性主要表现为组织机构的层级与幅度、组织机构的人事构成等。政策执行人员的特性主要表现为政策执行者的知识与能力素养、职业道德修养、价值偏好等。政策执行主体的特性直接影响着政策执行的效果。

在组织层面上，组织体系的状况和组织文化会影响到政策执行的效果。首先，层级和幅度是组织体系的两大指标要素。层级与幅度的情况会影响政策任务的分解以及执行方案的具体化。一般地说，幅度越大、层级越多，指令和信息传递出现偏差的概率就越高，政策目标和执行方案被虚化和扭曲的可能性就越大。

组织机构的命令与服从体系的统一性、完整性和科学性会影响各个执行环节的顺畅程度。组织体系的执行工作机制关系到组织成员工作的协调性、有序性和科学性，关系到信息传递的准确性、及时性和便捷性，最终决定着组织的执行效率和效能。其次，积极、和谐的组织文化是政策有效执行的必要条件。

在个体层面上，可能导致政策执行阻滞的执行主体因素则是多方面的：①执行主体的利益驱动。即便是作为公共政策的有效执行者，任何个体仍然有着追求自身利益最大化的行为倾向，行动的选择仍然会受到个体价值偏好的影响。要求政策执行者在执行政策的过程中始终保持绝对的“价值中立”，这点几乎可以说是不可能做到的。如果一项政策威胁到自身利益，那么执行者无论出于公心还是私心，都有可能抵制这一政策，因而使得该项政策很难顺利有效地得到执行。法国行政学家夏尔·德巴什（2000）认为，对于行政机构来说，如果决策与他所期望的东西不相符合或在他看来是无法实施时，他将反对这种毫无活力的东西或者试图改变既定措施的内容。因而，执行主体在政策执行过程中也会尝试进行成本–收益的分析，如果在政策执行中其实际收益与预期收益之间，或者其本人收益与他人收益之间存在差距，就会产生相对被剥夺的心理感受，这种利益受损的心理感受将直接导致政策规避的产生（王国红，2003）。此外，政策执行的弹性和行政自由裁量权也会大大助长执行主体的趋利冲动。任何政策都不是绝对刚性的，政策规定与政策执行之间总是存在回旋余地，因而行政过程往往会留下一点自由裁量权。正如詹姆斯·安德森（Anderson，1984）所说，行政机构常常是在宽泛的和模棱两可的法令下运行的，这就给他们留下了较多的空间去决定做什么或者不做什么。②执行主体的认知和能力缺陷。对于政策执行主体而言，政策认知水平的高低主要是看他们对政策的内容和精神实质的了解、认识和掌握的程度，它所测量的是执行主体所拥有的政策信息量和政策水平。正如前文指出的，公共政策的制定主体与执行主体往往不是同一主体，政策执行主体在执行政策前需要去领会政策制定者通过政策内容想要表达的政策意图与目标。政策执行主体只有对政策的内容和精神实质形成正确的认知，能够准确地理解制定者的政策意图，才有可能形成正确的政策态度，从而采取符合政策目标的执行行动，实现政策的预期效果。如果执行主体对所推行政策的价值、功能或作用，特别是对那些具有长远利益的价值没有充分的认知，往往会导致政策执行工作中的简单化、短期化、功利化等非理智倾向。事实上，还有许多公共政策执行者不愿意积极主动地去学习领会上级决策精神，不愿意花费时间和精力去寻找上级政策与本地区、本单位和本部门以及个人实际情况的结合，仅凭个人的点滴经验、想当然，主观片面地理解和执行政策，使得政策执行难以正确地体现政策决策的意图。这些由于认知能力的局限而导致的对政策的错误执行的现象在一些人员素质较低的执行机构中很常见。从主观上讲，这些执行者并不是不愿意正确执行政策，有时确实是因为自己的理论文化不够、政策水平不高，结果导致他们错误地理解和错误地执行了相关政策。这些属于政策执行主体能力有限导致的政策执行阻滞。③执行主体的认同障碍。任何政策都需要靠特定的执行主体予以执行，但是并不是所有的政策主体都会坚持所谓的“理解的要执行，不理解的也要执行”“有条件的要执行，没有条件的要创造条件去执行”的观念。且不谈“不理解的”不能准确执行、“没条件的”难以完整执行，就便是“理解了的”“有条件的”，政策执行主体也不一定会去执行。因为任何政策都有一个价值导向或价值偏好，而政策执行主体也会有自己的价值倾向与偏好，当政策的价值导向与偏好与政策执行主体的价值倾向与偏好不一致时，执行主体是非常有可能不执行或消极执行相关政策的。所谓政策认同，也就是指政策相关主体认识到自己的价值倾向或利益诉求与所推行的某一项政策具有同一性。政策认同意味着政策相关主体对所推行政策的认可与支持，从本质上说，它是对政策产生的一种态度反应。公共政策实践也证明，如果对某项政策的目标指向、遵循原则和内容规定没有强烈的认同感，执行主体往往倾向于采取马虎、不合作的消极态度来对待政策执行，或采取其他的方法执行，就会出现政策执行的拖延和效率低下的情况，导致政策执行阻滞。④执行主体的执行方式不当。就像过河一样，要想顺利地过河，必须选择好渡河工具；同样，要保证政策的顺利实施，政策目标的圆满实现，就需要选择好政策执行的方式。正如美国政策科学家詹姆斯·安德森（1990）所言，“为了使某项政策有效，需要的不仅仅是广泛的权威和用以支付实施代价的拨款，良好的控制和政策实施技术也是必不可少的”。现实中许多政策执行活动效果的不理想甚至出现事与愿违的结果，在相当大的程度上是由于政策执行主体的执行方式不当而引起的。

需要强调的是，依据公共选择理论，政策执行的组织与个体往往都具有多重利益偏好，一方面，他们作为上级政策的执行者，代表国家和社会整体利益；另一方面，他们在政策执行中亦有本地区、本部门甚至私人利益的考虑。政策的形成过程，实际上是各种利益群体把自己的利益要求投入到政策制定系统中，由政策主体依据自身利益的需求，对复杂的利益关系进行调整的过程。当政策执行遇到社会整体利益、地区利益、部门利益和个人利益的冲突和斗争时，在利益驱动下，有可能出现小团体利益被置于大局利益之上的情况，甚至大局利益被偷梁换柱地为小团体利益所取代。所以，政策执行主体的价值或利益偏好往往被视为政策执行主体的关键特性。

1.2.2 政策文本品质对群众体育政策执行的可能影响

政策文本的品质也影响着群众体育政策执行的效果。政策文本的品质主要表现为政策文本的合理性、明晰性、稳定性和协调性等。

政策文本的合理性主要通过政策内容的合规律性得以体现。政策内容的合规律性是指政策规定的各项内容要指向客观的政策问题，反映客观存在着的现实情况，政策所规定的各项行为要符合客观事物的发展规律。所谓客观的政策问题是指，政策问题不能是坐在办公室里臆想出来的问题，依据臆想的政策问题而提出的政策，要么难以实施，那么在强制实施后造成难以想象的损害，曾经的“人有多大胆、地有多大产”等政策就是典型的代表。政策的合理性还体现为政策的执行具有现实的可能性，也就是说该政策应该具备能够切实地实施下去的条件。任何一项政策的实施都必须具备相应的现实条件与可能性，否则该政策就丧失了合理性。然而，人类在面对未来的时候，都难免表现出过于浪漫的情怀，如希望事情做到尽善尽美，毕其功于一役，鱼与熊掌兼得等。当这种浪漫的情怀充斥于政策文本之中时，就很可能会导致政策脱离实际或陷于空想。尽管这种政策可能反映了人们的某种良好愿望，但是因为当前的条件难以保证其实施，可想而知，其执行效果恐难如人意，有时甚至会使政策目标完全落空。

政策文本的明晰性是政策有效执行的重要前提条件之一。作为人们行为的指导性文件，政策内容所表达的意思应该是明确的、清晰的，不能出现模棱两可、含糊不清的情况，否则就会因政策执行者对政策目标和内容的误解或曲解而造成政策执行的阻滞。美国学者霍尔珀林（Halperin，1976）在研究美国总统外交政策的执行时发现，导致政策执行失败的三个基本原因之一就是政策执行人员无法准确地了解上级领导或决策人员所要求他们做的事情；正是因为上级领导给政策执行人员的政策指令往往是含糊笼统的，很容易引起政策执行人员的误解，从而导致政策执行的失败。列宁（1955）也曾明确指出，“方针明确的政策是最好的政策。原则明确的政策是最实际的政策”。

所谓政策的稳定性就是指政策在其有效期限内应该处于一种相对稳定的状态。政策的稳定性是政策得以有效执行的重要前提条件，因为政策是否稳定在很大程度上关系到政策执行主体对政策的认同和接受程度。实际上，政策可以被看做是政府与相关目标群体之间协商而形成的一种契约，这种契约关系一旦通过某种方式确定下来，政府就可以运用政治权力的特殊的权威性强制、说服或刺激相关的政策执行主体支持它并在它的约束和指导下从事社会生活。与此同时，这种契约关系的结成也意味着政府就解决某个公共问题对相关的政策执行主体作出了承诺。当相关的政策执行主体，尤其是目标群体接受政策的约束并承担了一定的义务时，他们同时也就享受了相应的权利；他们会根据政策中的约定，在政策许可的范围内通过理性的计算选择自己的行为方式，以期实现他们利益的最大化。他们之所以有这种行为取向，其原因在于政策具有精确的可度量的互惠性，以及他们有理由相信在未来的一定时期即政策的有效期限内政府会像他们一样遵守政策中的约定，否则他们将会得到合适的补偿。美国学者麦克尼尔（1994）在其《新社会契约论》一书中提出了偿还利益、信赖利益和期待利益三个规范。他认为，在这三个规范中，期待利益的实现是以偿还利益和信赖利益为基础和条件的。也就是说，政策就像一个游戏规则，只有游戏规则不随任何参与者的意志而随意改变，具有良好的稳定性，游戏的参与者才能作出可以预期的推断，会真诚地支持它、接受它，才会自觉地在它的约束下选择自己的行为方式，并因为该游戏规则的长久稳定性和可预见性而逐渐形成对该规则的持久信任、忠诚和认同。麦克尼尔认为持续的契约关系的存在造成了这样一种期待：未来的交换将会发生，并通过现存关系（不管是不是等级性）的动力以部分可预见的模式发生。可见，政策的稳定性对于相关政策执行主体的行为选择具有十分重要的影响。众所周知，利益追求是包括政策执行行为在内的一切人类行为的基本动因，并且政策本身就是政府对社会资源和利益进行权威性分配的一种方案。然而，利益是不能承受太多的反复无常的。在任何一种政治体制中，要形成作为政策执行主体的目标群体与作为政策制定主体的政府之间长期性的信任与合作关系，政府的政策都必须有诺必践，注重信誉。否则，就会破坏正常的政策秩序，给政策的有效执行造成种种障碍。正如我国经济学家张曙光（1999）所说，“在人类的社会经济生活中，制度既然是人们的行为准则，人们建立制度是为了减少不确定性，获得一种比较稳定的预期，并据以选择和确定自己的行为，因而就需要有一定的稳定性。如果制度经常变动，人们不可能建立比较长期的稳定的预期，其行为就会短期化，甚至莫衷一是，机会主义盛行，整个社会生活就会缺乏秩序而陷于混乱之中。这实际上也就失去了制度存在的基础。不仅如此，……制度的稳定性也是制度的作用得以发挥，制度的优劣得以检验的基础和条件，如果制度丧失了稳定性，人们也就不可能对其作出正确的评价和判断，进一步的制度选择也就很难进行。这就决定了任何一种制度安排和制度结构都有其相对的稳定性。”作为制定安排之一的公共政策自然也不例外。

政策的协调性，是指任何一项可执行的政策在其适用的时空范围内，不得与其他政策相抵触、相矛盾。政策的协调性是由政策的系统性所决定的。我们知道，系统是由诸多要素构成的有机统一体，因而具有整体性特点；同时，系统又是由不同层次的子系统组合而成的，因而又具有层次性特点。在一个系统内部，在要素和系统之间，以及在各个子系统相互之间必须保持和谐而有序的关系，才能实现部分之和大于整体的系统之整体性功能。在我国，由于政策制定主体比较多，各政策制定主体本身又都是独立的利益主体，特别是现阶段我国正处在新旧体制的转轨时期，在政策制定方面的协调机制尚不健全，所以政策之间相互抵触、彼此冲突的情况时有发生。

此外，如政策内容原则多、可操作性少，抽象多、具体规定少，政策目标要求过高或不具体，政策变动过快等都会导致政策执行的不畅或流于形式。

1.2.3　政策相对人的特性对群众体育政策执行的影响

政策相对人是政策直接作用和影响的对象，亦可称为政策目标群体。随着我国公民社会的到来，公共政策目标群体对于政策执行系统的影响也越来越大。西方学者英格兰姆与R. 史密斯认为，公共政策目标群体有四种类型，分为优势者群体、竞争者群体、依赖者群体和不正常者群体。这四类群体的形成取决于政策执行系统的选择，但是这些群体一旦形成之后，特别是当这些群体形成利益共同体以后，又能在很大程度上反作用于政策执行系统，从而影响甚至改变地方政府公共政策的执行方式、执行能力和执行效果。

政策执行过程还可以看做是政策对象对政策精神实质的领会和理解过程，因此，政策对象的经济状况、受教育程度、价值理念和认识能力对政策执行都有着重要的影响。首先，不同的社会阶层对待同一项政策的态度是不同的，这种差别来源于不同阶层的经济状况的差别。正如马克思说过，“人所奋斗的一切都与他们的利益相关”。公共政策从本质上说是对社会价值和利益的权威分配，不同经济状况的目标群体对社会价值和利益的感受性不同，因而对社会价值和利益的权威分配也会有着不同的反应。其次，政策对象的受教育程度也会影响政策对象的需求、对未来的预期。受教育程度越高，政策需求的层次也会越高，对政策的预期也更为明晰和理性。同时，受教育程度的差别也使政策目标群体的政策需求满足方式不同，如受教育程度较高的人，会更多地关注政策执行时的参与、政策执行过程中相关信息的获得，而不仅仅关注政策执行的结果。再次，不同价值观的政策对象对政策的执行抱有不同的立场，态度和看法等，而政策对象的态度是影响政策执行力的重要因素。人们会因为态度的不同对同一件事采取完全不同的做法，从而得到不同的结果。最后，政策对象的认识能力对政策的执行也有着重要的影响。正如前文指出的，公共政策执行者的认识能力会影响到政策的执行效果；而事实上，公共政策对象的认识能力也会影响到政策的执行效果，因为公共政策的顺利有效执行同样要依赖于公共政策对象对公共政策的理解和认知程度。如果政策对象的认识能力强、知识结构合理、知识更新较快，就能较快地接受新事物，更易于认识到短期利益和长远利益间的关系，能够较快地改变思维方式和行为习惯，面对这样的政策对象群体，政策的执行就会比较顺利，反之则会比较困难。

此外，政策相对人对政策信任和接受程度是对政策能否有效执行影响极大的关键因素之一。如果政策的相对人都愿意遵守政策制定主体的制定和执行的政策，不仅仅是因为若不遵守就会受到惩处，而主要是因为他们确信政策的合法性，认为遵守是应该的，相信该政策对其他政策相对人具有同等程度的约束力，自己并不会因为遵守该政策而处于相对不利的地位，那么，政策就能比较容易而有效地实施，为实施政策所需要的人力和物力耗费也将减少；反之，出现执行梗阻便是不可避免的了。

1.2.4　政策资源对群众体育政策执行的可能影响

任何政策的执行都需要一定的资源投入，包括权威资源、人力资源、经费资源和信息资源等。资源投入不足或者缺位，如政策执行主体没有被赋予相应的权威、经费和人员短缺、信息传递不对称等都会导致政策执行不到位或打折扣的现象。目前，学界比较一致的看法认为，政策资源包括权威资源、财物资源、信息资源和人力资源四种。

从理论上来分析，权威资源是政策有效执行过程中一种特殊、重要的资源，在政策执行过程有着不可替代的作用。政策执行需要大众的协作行动，而共同活动的首要条件是要有一个能处理一切所属问题的起支配作用的意志，这个意志就是权威。没有一定的权威，就不可能形成人们共同的相互协作的活动。对权威的敬畏与服从是人类社会发展过程中积淀下来的传统心理。政策执行者由于自身的特殊优势和禀赋而形成的权威，对于政策接受者具有威慑和感召力量，从而有助于政策执行。在实践中，政府权威是保障社会公共利益得以实现的主要工具。在社会的转型时期，社会主体间利益分化的速度加快，原有的利益共同体解体后催生了多样化的新的利益群体，各利益主体间的利益冲突时有发生、激烈而无序。在利益相互冲突的多元化群体中推行某项公共政策将面临很多的困难。为保障整个社会的公共利益，一个强有力的政府权威是有效区分、协调、调整不同利益集团关系的前提。亨廷顿早就指出，世界各国之间的最重大差别不是它们政策的形式，而是它们各自政府实行有效统治的程度。如果国家政府缺少必要的权威，政策执行的偏差将是无法避免的。

政策执行中的财物资源，也是政策执行不可或缺的重要方面。俗话说“巧妇难为无米之炊”，任何政策的执行都要投入一定财和物。除了各级财政中供养行政人员的经费是政策执行所需的经济成本之外，政策执行过程还需要相应的装备，宣传说服教育的过程中也需要投入。当然这些投入都应本着以最小的投入获得最大的产出为原则。过多的财物的投入一方面会造成不必要的浪费，另一方面还有可能诱发一些消极影响。例如，经费投入过多很有可能会诱发奢侈、豪华、贪污、纠纷等消极后果。财物资源往往还需要用于推进政策执行中损益关系的合理化。公共政策是为了整体的利益而制定和执行的，要求政策对象中的一部分为整体利益作出牺牲。这就必然会损害某个群体的利益，但是他们作出的这种牺牲也应该获得必要的赔偿，这种赔偿也应该纳入政策执行所需的财物资源中。如果遭受利益损害的一部分人得不到相应的补偿，特别是这些利益受损者又是政策的执行者时，就很有可能会引起政策执行中的扭曲和偏差，如政策象征性执行、政策选择性执行、政策替换性执行和政策附加性执行等现象，即通常所说的上有政策，下有对策。

如果将政策执行看作是一个信息控制过程，那么没有政策执行者与接受者之间的有效的信息沟通和交流，这一过程将会失控，自然也就不可能实现政策执行的预期效果。因此，在政策执行中，掌握充足的信息和拥有通畅的信息渠道，对政策执行起着至关重要的作用。一方面，政策执行者执行机关向社会或某社会团体释放、传递有效的信息；另一方面，也设法不断从社会获取政策执行的大量信息。在社会与政策执行机构的信息互动过程中，政策内容、指示、命令在接受者中进行有效传递、磨合乃至认同，政策接受者更加明晰政策的内容和导向，从而减少政策执行的盲目性，使政策得到顺利、有效执行。这种全方位、多层面立体式的交流必须建立在良好的信息交流基础上。

至于政策执行中的人力资源政策的执行主体，前文已有相关论述，故而此处不再赘述。

1.3　群众体育政策执行阻滞现象中的制度因素分析

如果说群众体育政策执行阻滞现象中的政策执行因素分析和群众体育政策执行阻滞现象中的政策过程因素分析，都是从政策内部对政策执行阻滞现象进行的分析；那么，影响群众体育政策执行的不仅仅是政策内部的因素，显然还有政策系统之外的因素，因此有必要从政策系统之外对群众体育政策执行的阻滞现象进行分析。在政策系统之外，制度因素对政策执行有着重要影响。正如我国著名政策学者丁煌（2002）教授指出的，当前阻滞公共政策有效执行的制度缺陷主要表现在如下方面。

首先，纵向的政府间权力划分缺乏规范。纵向的政府间的权力划分主要就是指中央政府和地方政府之间的权力划分。尽管自改革开放以来，中央逐渐将更多的权力下放给地方，地方政府的职权逐渐扩大，地方的利益得到了确认，地方政府的角色也日趋明朗化，地方政府逐渐成为一个具有相对独立职责的控制主体，并且在决定和处理本行政区域内的社会、政治、经济事务方面拥有越来越多的自主权；但是这种放权举措也带来了诸如地方政府角色错位、行为失范、中央权威流失、宏观调控乏力乃至失灵等一系列问题，给国家政策的执行造成了不良的影响。而导致中央政府的政策在地方执行过程中出现阻滞现象的根本原因就在于中央与地方政府间权力划分缺乏必要的规范。这就是说，中央在给地方放权的过程并没有明确可靠的制度依据和法律支撑，而更多的是一种带有不确定性、不稳定性的行政行为，这便增加简政放权的不确定性、不稳定性和随意性，从而必然导致政策执行中出现上有政策、下有对策，按需所取、为我所用的阻滞现象。因为行政性放权容易，行政性收权同样容易，面对这种不太牢固的权力，地方政府很容易产生“有权不用、过期作废”的心理预期，进而导致中央政策执行阻滞。

其次，横向的机构间职能配置交叉重叠。在我国现阶段，因执行机构职能交叉重叠而导致政策执行阻滞的情况屡见不鲜。所谓机构间的职能配置交叉重叠既包括党政机构之间的职能重叠也包括各行政机关之间的职能交叉。当前我国的行政管理体制是一种“党政二元行政管理体制”。这种二元行政管理体制所产生的最主要问题就在于行政管理上的机构重叠和职能交叉。机构重叠意味着行政结构的不良，意味着不同的政策执行机构因履行着相似或相同的职能而导致职能交叉，而职能交叉则意味着行政功能的紊乱，它对政策执行的影响就是干扰政府政策的有效执行，致使政府无法正常通过政策执行过程来履行其管理职责。同为政策执行者的党政机构之间职能配置交叉重叠而造成政策执行阻滞的情况在当前是很常见的。政府系统内部各行政机构间的职能配置交叉导致政府机构间的职责不清，结果是机构膨胀、部门林立、相互扯皮、效率低下。就政策执行来说，由于政府机构有其自身利益，这些利益不仅存在，而且还相当具体（亨廷顿，1989），所以，倘若不同的行政部门履行着相同或相似的职能，那么必然会产生一些相互冲突的政策，而且更会在政策执行过程中因执行者的利益纠葛和相互扯皮而导致政策执行阻滞。两个政府部门履行着相同的职能，制定出涉及同一项事务的两项政策，进而导致出现双重标准、双重检查、双重管理、双重领导，致使执行者无所适从，结果造成两项政策均得不到有效实施。

再次，政策执行行为的监督制度不健全。监督制度对于政府高效率地实施其管理职能具有重要作用，对于政策执行活动来说，当然也不例外。然而，在现实的政策执行活动中，因监督制度不到位而导致政策执行阻滞的情形时有发生。我国当前的政策执行监督制度实行的是双重领导制度，政策执行过程既受上级监督机关的领导（或指导），又要受同级党委和政府的领导。由于监督机关实质上是属于当地党委和政府的一个工作机关，其人事权掌握在当地党政首脑手中，监督机关与当地的政策执行部门有着密切的利益关系，于是，上级监督机关的指导作用往往被同级党委或政府所弱化，使监督机关成为当地党政机关的附属品。在这种体制下，监督机关对政策执行的监督作用很难保证不变味，有些监督者甚至沦为某些政策执行者推行地方保护主义、谋取局部乃至个人利益的工具。结果是政策执行的监督形成了同级监督管不了、上级监督够不着的真空状态。许多政策执行阻滞的情形正是在这种监督真空状况下发生的。在政府的内部监督之外，我国公共政策的执行还强调社会监督。社会监督包括人民群众和各种群众组织等多方面的监督，广大人民群众生活在社会的各个领域，对政策执行过程中出现的问题具有直接的、全面的感受和敏锐的嗅觉，社会上发生的一切政策执行阻滞现象，都很难瞒过他们的眼睛。所以，离开了人民群众的社会监督，其他监督就会耳不聪、目不明，其监督效力也会大大削弱。但是在许多地方，特别是农村，民众对地方官员实施监督的言路常常堵塞不通，有的投诉即便被接受，其结果也往往或是议而不决、或是石沉大海、或是相互踢皮球，有些地方的信访办形同虚设，更有甚者，有些信访干部竟沦为某些被投诉对象的情报员，致使监督举报者遭打击报复的事件时有发生。

最后，现行的干部管理制度尚不完善。任何政策的执行都离不开作为政策执行者的干部。政策执行行为如何，从根本上来说取决于干部管理制度的完善与否。当前我国的干部管理制度主要有下管一级的干部管理制度、干部岗位目标管理责任制和干部交流制度。就下管一级的干部管理制度而言，它增强了地方领导对其下属所具有的权威性，使得地方干部的管理因缺乏必要的民主参与而使地方干部特别是基层官员实质上摆脱了社会压力的约束，导致他们在执行政策时有可能对中央政策按需所取，进而导致中央的部分政策执行落空。干部岗位目标管理责任制是一种压力型的干部管理制度，其运作特点是靠上级对下级规定的各种任务和指标，并以完成情况的考核和一票否决制的方式对下级施加压力。这种干部管理制度把某项指标、任务作为考核、提拔干部的根据，明显带有“零和博弈”的性质：完成某一项指标，就是“一切”和“全好”，相反，就是“零”“全坏”，即一旦某项任务没达标，就视其全年工作成绩为零。就政策执行而言，这种制度的最大弊端就在于它很容易导致地方官员欺上瞒下、弄虚作假，进而导致他们对中央政策执行的阻滞行为。至于干部交流制度，无疑有助于地方官员形成更为广阔的眼光和处理复杂事务的能力，形成把握全局利益的能力和对全局与部门关系的全面理解。如同任何事物都有正反两个方面的作用一样，干部交流制度如果不能恰当地与其他制度配套运用，则也会产生负面影响。就政策执行而言，本来，在干部之间经常调换一下位置，通过破除“关系网”“人情网”，控制地方主义，增强其全局意识应该有助于政策的有效执行，但如果使用不当，特别是当干部交流制度与前述干部岗位目标管理责任制匹配使用而且又缺乏配套的制度约束时，它便很容易干扰地方官员的责任心，导致因短期行为造成的政策执行走样。

1.4　群众体育政策执行阻滞现象中的文化因素分析

任何公共政策都是在某个特定的文化系统中制定和实施的，而一个民族的文化系统，一经进入人类实践和实际生活过程，它们便首先显示出表现意义、指明目标和揭示价值等作用，使人能够理解其创造性活动的目的、动力和价值。作为一种观念范畴，文化一词一旦与另一个现象或事物结合，它总是能够起着认识论意义上的作用，为描述、解释主客观世界提供一种分析框架、一种模式或一种图景。正是公共政策的文化浸润性（作为过程的政策始终是在特定的文化系统中完成的）和文化的认识论价值，为公共政策的文化分析提供了必要性与可能性。作为合理的推论，群众体育政策的文化分析既是必要的，又是可行的。

纵观国内外关于文化的诸多定义，我们认为，文化是在人们的生存和发展历史中形成并通过人们的各种活动而表现和传承的价值观念、行为方式、语言符号和知识系统的整体。它的核心是价值观念，基础是一定社会的政治和经济，表现是人们的行为方式、语言符号以及知识系统等（伍启元，1992）。政策的过程包括政策决策、政策执行和政策评估。于是，从文化的角度分析群众体育政策执行的阻滞现象就是分析文化中的价值观念、行为方式、语言符号和知识系统等对群众体育政策的决策、执行和评估的影响。

公共政策首先是建立在不同公共问题的有用性和重要性是什么的认识和判断上，然后进行有选择的作为；公共政策是对全社会的价值做有权威的分配。从这一些经典的定义中可以看出，价值问题可以说是公共政策的核心问题，它决定着公共政策的发展方向和最终效果。社会文化中的价值观念会对政策制定、执行和评估产生重大的影响。政策的制定首先源于政策问题的出现，然而哪些公共问题会成为政策问题，则依赖于政策主体的认识和判断；具有不同价值观念的政策主体会对同一公共问题的有用性和重要性做出不同的评估，从而选择不同的作为，也就形成了不同的决策方案。不同民族国家的政府和公民在认识和判断同一事物或问题的价值上是具有异质性的，选择的解决路径也会有所不同。公共政策的文化分析只能从本土的价值分析出发，才能使其真正符合本土居民的价值需要。公共政策的执行与运行过程，同时也是一个国家推行与此相适应的观念、价值等的过程，这一过程推动社会按照政府所期望的维度和方式来理解政策问题、政策目标和政策内容。政策执行所传递的价值观念在政策的运行过程中又会不可避免地与社会文化中的价值观念发生相互作用、彼此影响。评估活动本身就是一项价值判断的活动，因此公共政策评估主体的价值取向对于政策评估的结果会产生直接的影响，这一点是毋庸讳言的了。

行为总是在一定的价值需求和取向的主导下，通过制度约束得以形成。行为一旦形成，就会促成某个价值相关群体特定的活动习惯和模式。由于不同民族国家的价值和制度存在着重大差异，那么这些国家的民众的行为习惯和模式也会存在着较大的差别。在政策制定过程中，政府、政协、利益团体、民众等不同群体采用的行动策略会影响到最终的政策方案，而且不同的利益群体、不同文化背景下的人，其行为逻辑和行动策略亦不尽相同，如在资源分配的策略上讲究关系原则，在制度的遵循上讲究潜规则，在运用权力的方式上讲究计谋等，这是中国人比较独特的行为策略；但是西方人却并不认同。在我国政策的执行上，从古到今，阳奉阴违、上有政策下有对策、土政策等现象一直存在，成为中国政治领域的一大景观。这些执行中的梗死现象的背后是中国人所遵循的行为逻辑和行动策略（张云昊，2008），政策的评估主要关注政策实施后民众的回应行为和政府的反应行为。然而，中国人向来强调忍，遵循“木秀于林，风必摧之”“枪打出头鸟”“遇事不忍祸先招”的行为逻辑，对待公共事务常常会采取事不关己、高高挂起的行动策略，结果是社会民众对公共事务的参与行为弱化，这些行为也直接导致我国公共政策的回应性较低。在这样一种回应较弱的情景下，政府的反应也逐渐地形成了惰性和官僚习气。

任何一种公共政策必然要以文本的形式而存在，公共政策文本是一个国家民族在解决公共问题上的“符号存储”。这些“符号”蕴含着这个国家民族在处理公共问题上的价值取向、思维方式、路径选择和传统智慧，会影响以后政策制定主体的思维方式与政策方案，以致在这一特定的公共政策领域会逐渐形成一种具有传承性的政策连续性。

一个民族国家的知识结构、存量和技术水平也会影响这个国家民族整个政策过程。一方面，政策制定者和公众都普遍希望政策制定必须有据可循，即以科学研究为基础，否则它仅仅是“政治性”的，而无法获得公众的认同。另一方面，科学的产生和发展都离不开公共领域的需求，公共领域相关的政策、机制等多方面的因素又影响和制约社会科学研究继续向前发展（殷杰和胡敏，2010）。从政策主体的视角来看，政策决策者的知识结构和存量会影响其政策问题认识的深度和清晰度，从而影响着政策方案的针对性和有效性；政策对象的知识结构和水平同样会影响政策对象对政策问题的认识，从而影响着他们对政策方案的态度和评价。与此同时，特定时代的技术水平又会对政策的议程产生重大的影响，当互联网出现后，全民直接参政议政已经成为可能了，因为出现了一种新的问政参政形式，即网络问政。

1.5　我国体育政策执行阻滞因素的理论模型①

从体育政策过程的视角看，影响体育政策执行，可能导致体育政策执行出现阻滞现象的各种要素包括体育政策问题的认定、体育政策的制定、体育政策的评估；几个要素之间的关系与运作方式形成一个彼此相互作用的封闭环路，如图 1-1 所示。

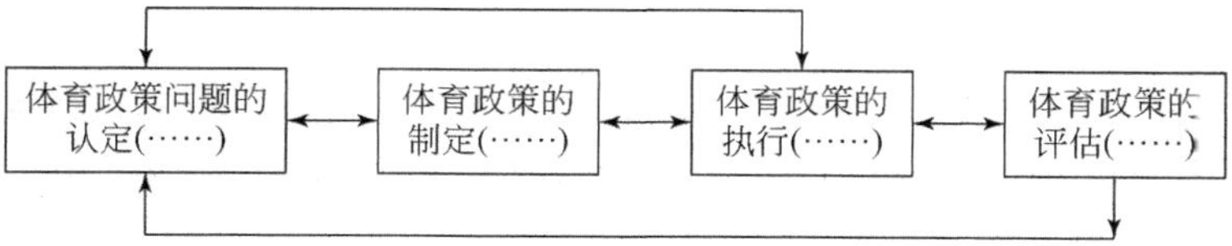

图 1-1　可能引起体育政策执行阻滞的纵向因素

体育政策问题的认定这一要素的影响概括如下，体育政策问题的认定不明确或者发生偏差，对应的体育政策决策自然也会缺乏针对性，对应体育政策决策的执行自然也会遭受更多的阻力，所以良好的体育政策问题认定状态是体育政策顺利执行的先决条件。

体育政策的制定这一要素的影响概括如下，体育政策内容的科学性与合理性是体育政策能够顺利实施的必要条件，要保障体育政策内容的科学性与合理性，就要遵循科学合理的体育政策制定程序与原则。

体育政策的评估这一要素的影响概括如下，体育政策评估是依据一定的标准和程序，对政策的执行过程以及执行后的效益、效果等所作的事实和价值判断，以便为政策的执行改进和政策内容的修订提供依据；体育政策的评估是体育政策过程中一个重要的组成部分。它是制定新的体育政策的必要前提，是合理配置体育政策资源的基础，是调控政策执行过程的有力工具，是决定体育政策持续、修正或终结的重要依据，并具有激励、督促之功效。足见，体育政策的评估可以直接影响体育政策的执行状况。

---

① 本部分内容参考了罗建河，杨青松，谭新斌，等．2010. 我国体育政策执行的阻滞机制及其防治. http：//www. sport. gov. cn/n16/n1152/n2523/n377568/n377613/n377808/1652786. html［2010-09-07］.

从体育政策的执行构成的视角看，影响体育政策执行效果，可能导致体育政策执行效果出现阻滞现象的各种要素包括政策执行主体的特性、政策文本的品质、政策相对人的认同、政策资源的投入；这几个要素之间的关系与运作方式形成一个彼此相互影响的并联线路，如图 1-2 所示。

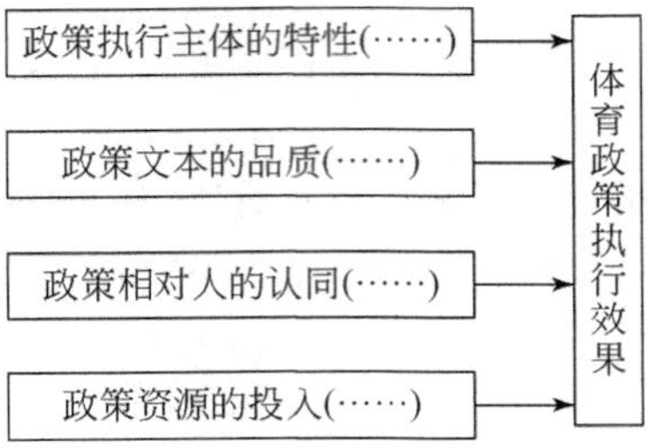

图 1-2　可能体育政策执行阻滞的横向因素

政策执行主体的特性这一要素的影响概括如下，政策执行组织的特性主要表现为组织机构的层级与幅度、组织机构的人事构成等。政策执行人员的特性主要表现为政策执行者的知识与能力素养、职业道德修养、价值偏好等。政策执行主体的特性直接影响着政策执行的效果。譬如执行组织机构的层级与幅度整合不当；人事安排存在缺陷；合格执行者的数量不足，政策执行者缺乏岗位责任意识等都会导致政策执行不力，出现政策执行的阻滞效应。特别值得注意的是，依据公共选择理论，政策执行的组织与个体往往都具有多重利益偏好，一方面，他们作为上级政策的执行者，代表国家和社会整体利益；另一方面，他们在政策执行中亦有本地区、本部门甚至私人利益的考虑。政策的形成过程，实际上是各种利益群体把自己的利益要求投入到政策制定系统中，由政策主体依据自身利益的需求，对复杂的利益关系进行调整的过程。当政策执行遇到社会整体利益、地区利益、部门利益和个人利益的冲突和斗争时，在利益驱动下，有可能出现小团体利益不能有效抑制的现象，甚至会出现腐败。所以，政策执行主体的价值或利益偏好往往被视为政策执行主体的关键特性，也是可能导致体育政策执行阻滞现象的关键特性。

政策文本的品质这一要素的影响概括如下，政策文本的品质会直接影响着体育政策执行的效果。如政策内容存在歧义，原则多、可操作性少，抽象多、具体规定少，政策目标要求过高或不具体，政策变动过快等都将导致政策执行的不畅或流于形式。

政策相对人的认同这一要素的影响概括如下，政策的相对人对政策信任和接受程度是政策能否有效执行的关键因素之一。如果政策的相对人都愿意遵守政策制定主体的制定和执行的政策，不仅仅是因为若不遵守就会受到惩处，而主要是因为他们确信政策的合法性，认为遵守是应该的，相信该政策对其他政策相对人具有同等程度的约束力，自己并不会因为遵守该政策而处于相对不利的地位，那么，政策就能比较容易而有效地实施，为实施政策所需要的人力和物力耗费也将减少；反之，出现执行梗阻便是不可避免的了。

政策资源的投入这一要素的影响概括如下，任何政策的执行都需要一定的资源投入，包括经费资源、人力资源、信息资源和权威资源等，政策资源的投入是政策执行的重要保障。资源投入不足或者缺位，如缺乏必要的经费、人员，或信息传递不对称，或政策执行主体并没有赋予相应的权威等都会导致政策执行不到位或打折扣的现象。

将影响体育政策执行的纵向要素与横向要素综合起来，那么我国体育政策执行阻滞因素的理论模型如图 1-3 所示。

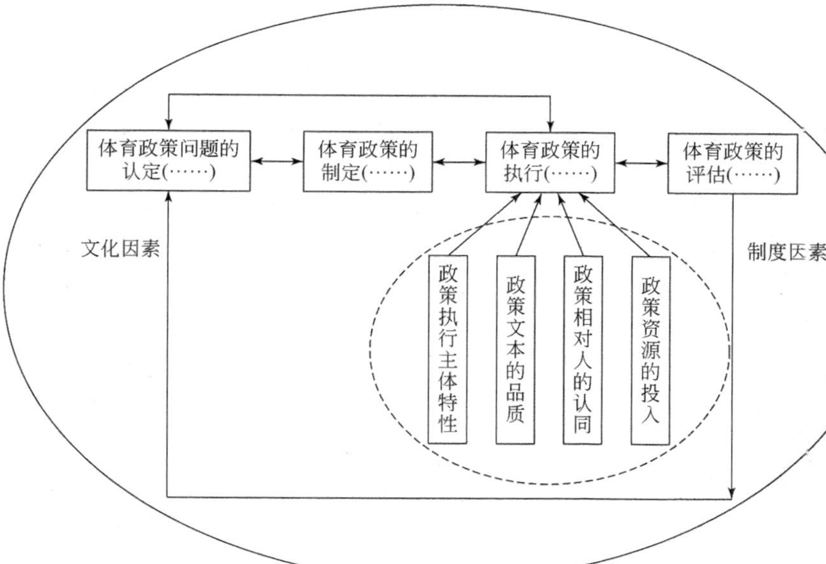

图 1-3　我国体育政策执行阻滞因素的理论模型

注：1）图中的大圈表示体育政策的执行是在社会文化因素和制度因素的影响下运作的，文化和各种制度因素对于体育政策执行的影响是外在的，有时甚至是隐性的，但却是客观存在的；

2）图中的双箭头表示体育政策过程的各个环节是相互影响的；

3）图中的虚线圈起来的部分，表示它们都是体育政策执行这一环节中的各个要素，并不是独立的一个个环节；

4）图中的（……）意味着每一种政策的每一个环节中影响着这一环节的运作的因素有很多，而且会有着具体而不同的表现形式。

第2章　我国群众体育政策执行阻滞现象的实证分析

正如前文界定的，政策执行阻滞是指政策执行过程因某种消极因素的影响而出现了的不顺畅甚至停止不前，进而导致政策目标不能圆满实现甚至完全落空的情形。其落脚点在于政策目标的是否实现。要了解我国群众体育政策执行中是否存在阻滞现象，关键就是要通过调查了解我国群众体育政策目标的实现情况。本研究以《全民健身计划纲要》的实施情况为主要调查内容。

2.1　实证调查的设计

2.1.1　调查对象的选定

本次调查拟从两个方面了解《全民健身计划纲要》的实施情况，一是城乡居民的体育健身参与情况；二是公共基础体育设施的投入和配置情况等。因此，调查的对象包括作为政策对象的城乡居民和作为政策执行主体的地方体育部门负责人，调查地区分为两种情况：其一，《全民健身计划纲要》实施情况调研问卷选择在湖北省荆门市和河南省新乡市进行调查；其二，《农村群众文化体育活动调查问卷》选择全国20个省份中的68个村庄进行抽样调查。

2.1.2　问卷的设计

调查使用的是自编的《全民健身计划纲要》实施情况调研问卷和《农村群众文化体育活动调查问卷》，分别从作为政策执行主体的地方体育部门负责人和作为政策对象的城乡居民两个群体的认识中调查《全民健身计划纲要》的实施情况。

2.1.3　问卷的发放

《全民健身计划纲要》实施情况调研问卷主要在湖北省荆门市和河南省新乡

市的部分区县体育管理部门进行发放，共发放调查问卷 45 份，回收有效问卷 42 份，有效回收率为 93%。

发放《农村群众体育活动调查问卷》的过程中选取了全国 20 个省份 68 个村庄进行了抽样调查，以了解农村文化体育设施的建设与利用。调查采取随机抽样方式进行，在每个抽样村庄中随机选择 30 户农民进行问卷调查和访谈，共发放问卷 2040 份，回收有效问卷 1942 份，有效回收率为 95%。问卷的信度、效度都通过相关检验，符合研究需要。我们以《农村群众体育活动现状调查问卷》为例来考察一下此问卷的信度，此问卷第二部分 75 个问题数据，可归纳为四个维度，即村民参与文化体育活动的态度、村民参与文化体育活动的现状、农村文化体育设施建设的现状和村民文化体育消费支出。四个层面和整体的信度测量见表 2-1。

表 2-1 调查问卷信度情况表

项目	信度	相关系数
	问题数量/个	Alpha 系数
村民参与文化体育活动的态度信度系数	4	0.5561
村民参与文化体育活动的现状信度系数	28	0.9132
农村文化体育设施建设的现状信度系数	30	0.9834
村民文化体育消费支出的状况信度系数	13	0.7824
75 个问题的信度系数	75	0.9012

从表 2-1 中，我们不难看出五个层面的信度系数都很高，总体信度也很高，试卷十分可信，不需要对试卷进行修改。为了补充调查中的不足或缺漏，调查过程还会随机对填写问卷的村民进行一些访谈，一方面更深入地了解村民对所在村体育设施的满意度，对体育设施建设的建议和需求等；另一方面也对问卷回答内容的真实性进行一定程度的检验。

2.1.4 问卷的处理

通过问卷调查获得的相关数据，进行编码处理之后，在 SPSS 软件上进行统计分析，但是大部分数据只是做了描述性统计分析，让研究结果更通俗易懂，反映问题更直观。

2.2 调查的结果与分析

2.2.1 《〈全民健身计划纲要〉实施情况调研问卷》的结果与分析

《〈全民健身计划纲要〉实施情况调研问卷》主要是从《全民健身计划纲要》实施的相关社会机构、《全民健身计划纲要》实施的条件保障情况、组织和开展全民健身活动的情况、群众体育工作的管理与服务情况、群众体育计划、检查与评价情况等几个方面了解《全民健身计划纲要》的实施情况。

1.《全民健身计划纲要》的相关实施社会机构

(1) 体育社会团体组织的情况

体育社会团体组织是全民健身计划实施的重要载体（社会团体组织的定义、重要性）。体育社会团体组织的多少是一个地区民众体育锻炼的衡量标准，也是地区体育文化的重要表现，体育社会团体组织多少还直接影响到地区民众的体育参与意识及体育锻炼意识，因此，体育社会团体组织在《全民健身计划纲要》的实施过程中占有非常重要的位置。

根据问卷调查了解表 2-2 可知，调查地区目前共有各类体育社会团体组织 129 个，其中主要体育社会团体组织有体育健身俱乐部、篮球协会、乒乓球协会、太极拳协会、老年人体育协会、网球协会、武术协会、游泳协会、自行车协会等。其中数量最多的体育社会团体组织是游泳协会，共有 27 个游泳协会，占整个体育社会团体组织的 20.9%；其次是太极拳协会和老年人体育协会，这两种类型的体育社会团体组织分别有 26 个，共占体育社会团体组织的 40.4%。此外，网球也是人们比较喜爱的体育运动，共有 21 个网球协会，占所调查的体育社会团体组织的 16.3%。

表 2-2　体育社会团体组织情况

体育社会团体组织	频次（次）	频次/总数（%）
体育健身俱乐部	2	1.6
篮球协会	8	6.2
乒乓球协会	5	3.9
太极拳协会	26	20.2
老年人体育协会	26	20.2

续表

体育社会团体组织	频次（次）	频次/总数（%）
网球协会	21	16.3
武术协会	5	3.9
游泳协会	27	20.9
自行车协会	6	4.7
羽毛球协会	1	0.7
足球协会	1	0.7
台球协会	1	0.7
总计	129	100

体育社会团体组织的发展规模和发展水平是衡量地区民众体育锻炼程度及体育文化发展的重要指标，因此从社会团体的现实状况考察《全民健身计划纲要》的实施情况具有重要的参考价值。调查显示：在所调查的体育社会团体组织中，从社团组织的专业化程度来看，只有 20.9% 的体育社会团体组织有自己的专职工作人员（图 2-1）；从社团组织的办公条件来看，只有 16.3% 的体育社会团体组织有固定的办公地点（图 2-2）。由此可以看出，体育社会团体组织在数量上具有一定的规模，但相对来说专业化程度比较低，专职的体育社会团体组织工作人员较少，大部分体育社会团体组织没有自己的办公地点，体育社会团体组织中体育专职人员的缺乏和办公场地的缺少对全民体育健身活动的开展产生一定的影响。

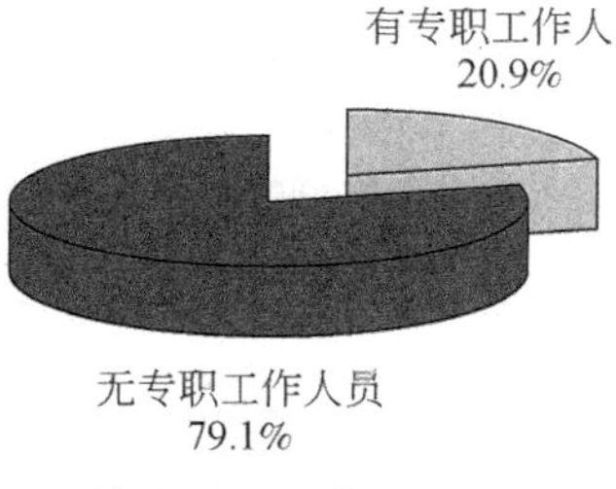

图 2-1　体育社会团体组织的专业化程度

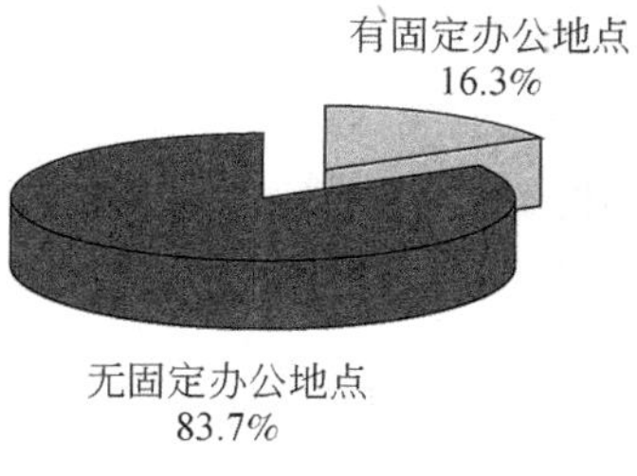

图 2-2　体育社会团体组织的办公条件

活动经费的支持是丰富体育健身活动种类，举办一定规模体育健身活动，提高民众参与热情的重要条件，同时也是实施《全民健身计划纲要》项目的重要支持条件之一。从调查中我们可以看到，在 2010 年度开展的体育活动中，只有 15 个体育社会团体组织举办的健身活动取得过 5 万元以上的活动经费支持。在这 15 个体育社会团体组织中，占 46.6% 的体育社会团体组织只取得过一次 5 万元以上的活动经费支持，有20%的社会团体组织取得过5次5万元以上的活动经费支持，此外还有13.3%的体育社会团体组织取得过4次5万元以上的经费支持（表2-3）。总的情况看来，支持体育社会团体组织开展体育健身活动的项目经费相对较少，支持的范围相对较狭窄。

表2-3　5万元以上的活动经费的次数

5万元以上活动经费次数	频次（次）	频次/总数（%）
1	7	46.6
2	1	6.7
3	1	6.7
4	2	13.3
5	3	20
6	1	6.7
总计	15	100

（2）体育局在全民健身方面的工作

体育局是开展全民健身体育活动的指导机构，也是《全民健身计划纲要》实施的中坚支持力量和重要保证。自《全民健身计划纲要》实施以来，体育局在贯彻落实《全民健身计划纲要》，推动民众参与体育健身计划，提高市民身体健康素质方面做出了巨大的努力和贡献。从此次调查显示，体育局主要在群众体育宣传及群众体育消费的引导、群众体育活动发展计划的制订和实施以及提供体育公共产品保障群众享有基本体育服务方面做出了巨大的努力。如图2-3所示，有81.0%的调查对象认为体育局所做的事集中在群众体育活动的宣传和体育产品的消费引导方面，76.2%的调查对象认为体育局所做的事情集中在制订并指导实施群众体育活动计划，有73.8%的调查对象则认为体育局主要做的事情为群众提供公共体育产品及保障群众享有基本公共体育服务方面。

2.《全民健身计划纲要》的实施条件

（1）经费投入

经费投入是建设公共基础体育设施，保障民众享有公共基础体育服务的重要保证，是一个地区对民众体育健身的重视程度的衡量指标，也是地方政府实施《全民健身计划纲要》、增强民众体育锻炼热情、提高民众身体素质的重要保证。群众体育经费的投入分为财政部门拨款和社会资金投入两个方面。从表2-4中可以看出，2008～2010年财政部门对群众体育部门的拨款经费依次为85万元、164万元、114万元；2008～2010年社会资金在群众体育方面的投入依次为81万元、

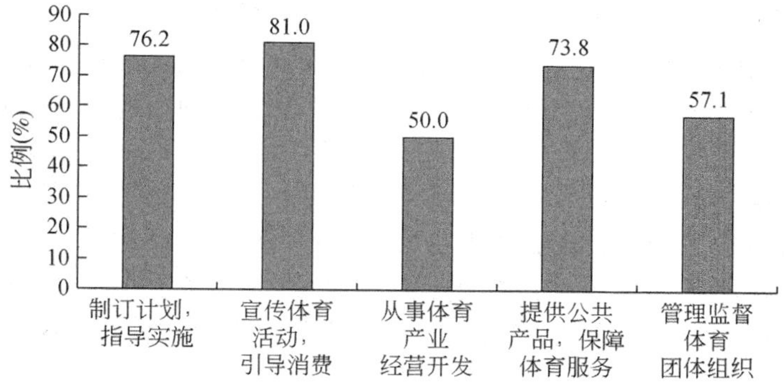

图 2-3　体育局在开展全民健身方面所做的事项

表 2-4　2008～2010 年群众体育经费中财政部门拨款、社会资金投入

年份＼统计量	财政部门经费（万元）	社会资金（万元）
2008 年	85	81
2009 年	164	110.6
2010 年	114	127
合计		

110.6 万元、127 万元。从财政部门和社会资金的总投入方面可以看出，财政部门和社会资金在群众体育方面的投入总的来说呈增加趋势，特别是 2008～2010 年社会资金在群众体育方面的投入稳步增长。另外，2008～2010 年财政部门拨款中人均体育社会活动经费也有所增长。在众多体育社会团体组织中，获得财政部门拨款或社会资金投入的组织很少，每年只有 4～5 个体育社会团体组织获得财政部的拨款或社会资金的投入，而且获得资金资助的体育社会团体组织集中在经济发展比较好的区县，大部分体育社会团体组织没有得到相应的经费支持，对于全面实施《全民健身计划纲要》，全面开展群众体育健身活动，提高群众身体素质。特别是对于经济发展相对落后区县来说，本身地区的经济发展较落后，相应的群众体育活动开展费用较少。如果没有相应的财政拨款和社会资金的投入，这些地区的体育社会团体组织在开展群众健身活动方面将受到很大影响，《全民健身计划纲要》也不可能得到有效的实施。因此，财政部门资金拨款和社会资金应该加大对经济发展落后区县开展群众体育健身活动的支持力度，扩大资金的投入覆盖面，使《全民健身计划纲要》得到真正的贯彻落实，切实提高群众的身体素质。

（2）专用体育场地建设

专用体育活动场地设施是指专门用于群众体育健身活动的场地设施，包括已对社会开放的体育场馆中专门用于群众体育活动的场地设施，不包括专门用于运动训练的场地和学校、企事业单位内部使用的场地。专门体育场地设施建设是弘扬体育健身文化、开展群众体育活动的基础。专门体育活动设施场地建设的状况还直接影响民众参与体育活动的热情，关系到群众身体素质的提升，是《全民健身计划纲要》实施的重要保证。表2-5中调查数据显示，从2009年1月至2010年年末，体育部门新增投资建设的室外场地916个，建设面积达95.27万平方米，体育部门投资建设的室内场地49个，建设面积为30.43万平方米；社会投资建设室外场地144个，建设面积为33.05万平方米，社会投资建设室内场地90个，建设面积为12.36万平方米。群众体育活动的基础设施建设取得较大成就。

表2-5　新增群众体育活动专用场地设施（2009～2010年）

投资类型	场地类型	场地数量（个）	面积（万平方米）
体育部门投资	室外	916	95.27
	室内	49	30.43
社会投资	室外	144	33.05
	室内	90	12.36

除了专用体育场地设施的建设外，地方政府部门还专门为未成年人、老年人、残疾人等特殊群体建设专门的体育活动场地设施。调查显示（图2-4和图2-5），在各地区体育部门的调查中，64.3%的地区设有未成年人、老年人、残疾人等特殊群体的专门体育活动设施，35.7%的地区没有设置专门体育活动设施。在所调查的地区中，有95.2%的地区有增加未成年人、老年人、残疾人等特殊群体的专门体育活动设施的计划。

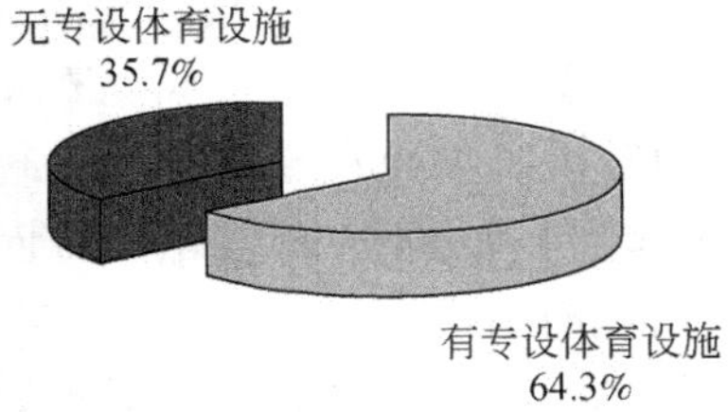

图2-4　特殊群体专设的体育设施

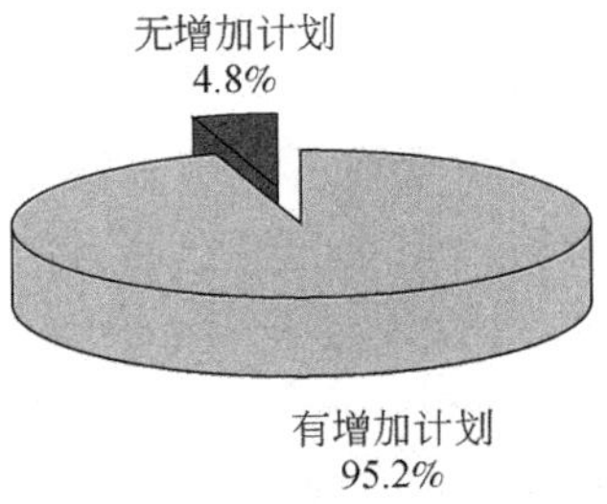

图2-5　为特殊群体专设体育设施的计划

（3）在实施《全民健身计划纲要》工作中面临的主要困难和问题

《全民健身计划纲要》颁布实施以来，在各地政府的大力组织引导推动下取得较大的成就，各地群众体育社团组织蓬勃发展，群众体育活动的内容和形式丰富多彩，体育锻炼意识不断提升，全民的身体体质有了一定程度的提高。但是，在《全民健身计划纲要》实施的过程中也碰到一些困难和问题。

1）体育场地设施方面存在的主要问题。调查显示，在实施《全民健身计划纲要》过程中，体育场地设施方面主要存在以下问题：一是现有的体育场馆设施较少，体育活动场地不足，人均体育场地占有面积较小，制约了群众体育活动的开展；二是现有的体育场馆开放时间较短，很多公共体育场馆设施没有全部向民众开放或开放时间较短，影响了群众参与体育活动的热情；三是缺乏体育场馆维修资金，对已损坏的体育场馆设施维修不及时，制约了民众体育活动的参与；四是政府部门对体育场馆建设的投入较少，而体育器材设施价格偏高，现有的投入已经不能满足人民群众日益增长的体育文化活动需求。

2）体育局面临的主要困难和问题。在实施《全民健身计划纲要》过程中，体育局面临以下问题和困难：一是体育网络管理不健全，从事群众体育管理的专职人员少，人员缺乏制约了群众体育工作的开展；二是体育场地建设及体育活动项目开展的经费投入严重不足，这几年群众体育活动经费主要靠体育彩票公益金，财政拨款较少，严重制约了群众体育事业的发展；三是相关体育方面的组织不健全，随着机构改革的进行，大多县区对体育部门进行了撤并，只有个别县区保留了体育部门；四是现有的体育场馆设施相对较少，不能满足群众多样化的体育活动需求；五是群众参与体育活动的积极性还不是很高，有待进一步提升民众参与体育健身活动的热情和积极性。

3. 组织和开展全民健身活动的情况

群众体育活动开展的类型及参与人数规模是衡量民众健身活动的重要指标，根据调查的结果显示，2010 年全年开展比较有影响的群众体育活动主要有迎春长跑比赛、游泳节、龙狮赛、农民运动会、篮球赛、乒乓球赛、体育文化节、职工体育文化节、武术比赛、象棋邀请赛、羽毛球赛等一系列活动赛事。2010 年全年参加各种活动的总人数达到 95. 78 万人。在所举办群众体育活动的单位中（表 2-6），一共举行了 150 次体育活动，大部分举办体育活动的参加人数规模在 0. 1 万 ~0. 5 万人，占所有举办体育活动的 40. 7%；其次活动规模在 0. 1 万人以下的活动次数也较多，占总活动次数的 32. 0%；此外还有部分体育活动参加人数规模达 1. 5 万人以上。

表 2-6　2010 年参加群众体育活动的人数

参加群众体育活动的人数（万人）	频次（次）	频次/总数（%）
0 ~ 0.1	48	32.0
0.1 ~ 0.5	61	40.7
0.5 ~ 1.0	16	10.7
1.0 ~ 1.5	13	8.6
1.5 以上	12	8
总计	150	100

实施《全民健身计划纲要》不仅要鼓励大众群体积极参与全民体育健身活动，同时也要考虑特殊群体的体育活动需求，在《全民健身计划纲要》的实施过程中要确保不同群体享有体育活动的权利，满足他们的体育锻炼需求。据调查显示（图 2-6），近两年本市（县、区）共开展残疾人体育活动 73 次，其中 43.3% 的地区开展了 3 次残疾人体育活动，有 23.3% 的地区开展了 4 次残疾人体育活动，这些活动的开展丰富了残疾人的体育生活，有效地满足了残疾人对体育活动的需求。

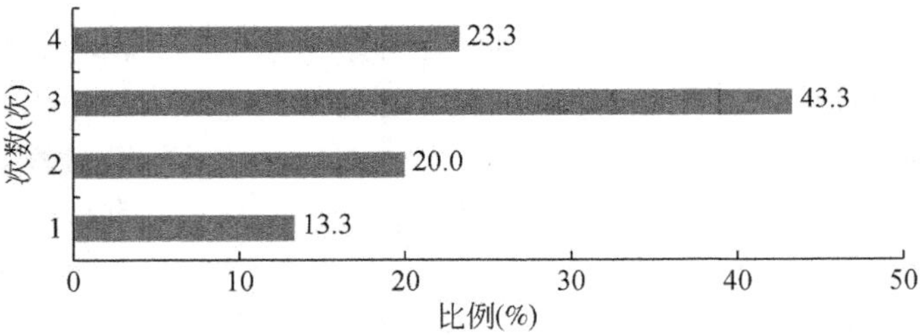

图 2-6　开展残疾人体育活动次数

体育组织者在群众体育活动的组织和开展中扮演着重要的角色，没有体育组织者的组织，体育活动的开展将会受到极大的影响。调查的结果显示，在开展群众体育健身活动过程中，76.2% 的体育活动组织者是政府和体育社团组织（图 2-7）。同时，企事业单位也是群众体育活动组织的中坚力量，企事业单位参与组织开展了 64.3% 的体育活动。另外，街道或乡镇委员会及体育经营活动者在群众体育活动的组织过程中也发挥了一定的作用。

国民体质检测是《全民健身计划纲要》实施的一项内容，也是监测国民体质的重要途径。从表 2-7 可以看出，2006 年荆门市共有 59 个检测站，年检测 73 次，参加检测人数达 10 368 人，国民体质合格率为 91.6%。2010 年荆门市检测站有 87 个，年检测 117 次，参加检测人数达 15 583 人，国民体质合格率为

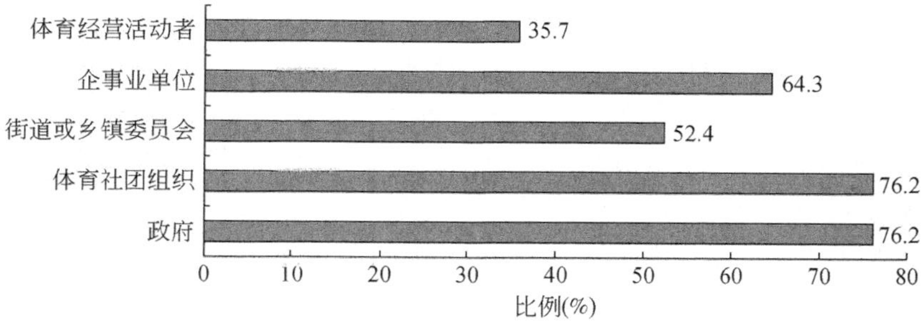

图 2-7　群众体育活动主要组织者

92.3%。但根据访谈的结果来看，国民体质检测的工作开展受到一定阻碍，有些地区由于缺乏相应的物质、资金和人力的保障，国民体质检测的开展受到很大的限制。

表 2-7　荆门市国民体质检测情况

年份	检测站个数（个）	年检测次数（次）	参加检测人数（人）	国民体质合格率（%）
2006	59	73	10 368	91.6
2010	87	117	15 583	92.3

4. 群众体育工作的管理与服务情况

良好的群众体育活动管理是体育活动有序开展的保证。根据调查显示，目前群众体育健身活动管理方式中，主要由当地的体育协会和锻炼场所管理者进行管理（图 2-8）。其中有 90.5% 的调查地区开展的群众体育健身活动都是由体育协会管理，有 76.2% 的调查地区开展的群众体育健身活动由锻炼场所管理者管理。此外，行政部门及街道或乡镇委员会也对群众体育健身活动的管理做出了较大的努力。

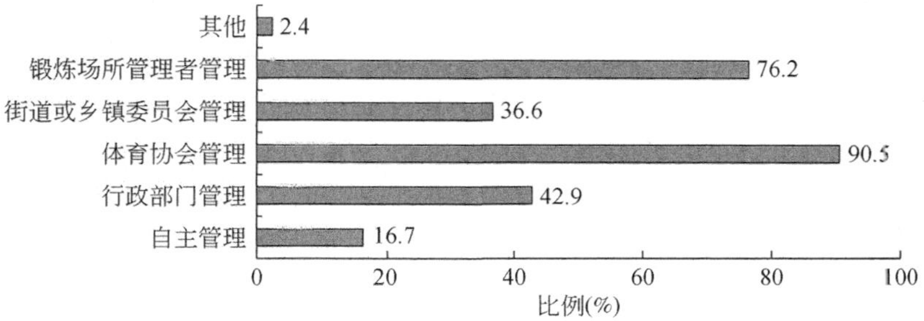

图 2-8　群众体育活动的管理方式

社会体育指导员是开展群众体育活动，丰富群众体育文化生活，提高群众身体体质的重要力量，而社会体育指导员的培训对实施《全民健身计划纲要》，促进民众参与体育活动有重要的影响。据调查显示，目前在调查的部门中，有95.0%的调查地点定期开展社会体育指导员培训活动，培训的经费来源大部分是由企事业单位拨款和政府拨款，其中有95.2%的地区来源于企事业单位拨款，80.0%的地区来源于政府拨款（图2-9和图2-10）。

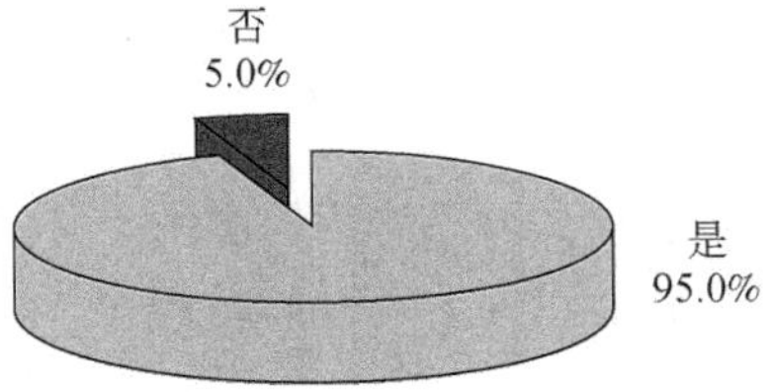

图2-9　是否定期开展体育指导员的培训活动

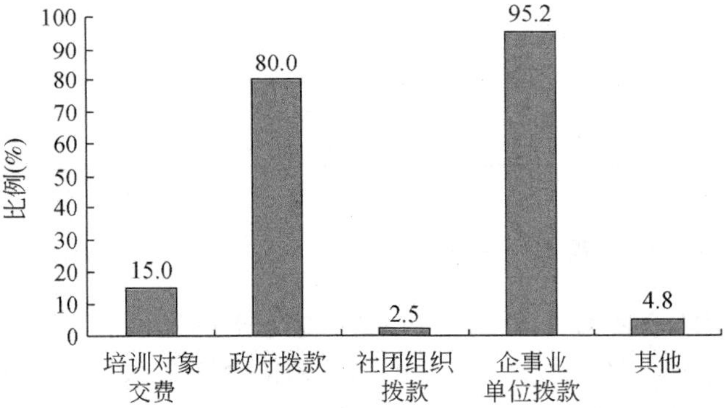

图2-10　社会体育指导员培训活动经费来源

宣传是开展活动的重要环节，也是扩大活动影响，提高民众参与活动热情的重要途径。目前全民体育健身活动宣传途径主要是通过报刊手册、社区墙报标语、电视广播、会议等途径进行。如图2-11所示，全民体育健身活动宣传途径中，排在第一位的是通过报刊手册进行宣传，排在第二位是通过电视广播和社区墙报标语宣传，排在第三位的是通过会议宣传。2010年中各种类型的全民体育健身宣传活动共举行了234次，其中73.8%的地区在群众体育活动宣传方面的次数在5次以下，但也有的部门一年中对群众体育活动的宣传次数达10次以上（表2-8）。

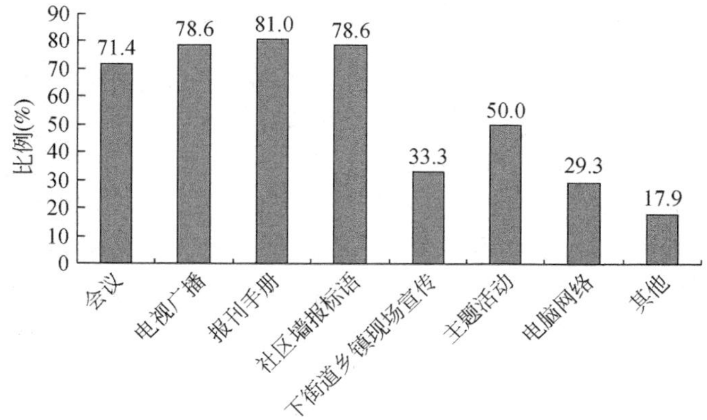

图 2-11　全民体育健身活动宣传途径

表 2-8　2010 年全民健身体育活动宣传次数

宣传次数（次）	频次（次）	频次/总数（%）
0～5	31	73.8
5～10	7	16.7
10 以上	4	9.5
总计	42	100

体育技术服务是拓展群众体育服务，提高民众参与体育活动热情，提升民众参与体育活动意识的重要活动。体育技术服务包括体育技术咨询、体育技术推广、体育技术培训三个方面的内容。在表 2-9 中可以看出，2009 年调查地区举办体育技术咨询 13 次，服务群众 3280 人；举办体育技术推广 16 次，服务群众 3320 人；举办体育技术培训 53 次，服务群众 1670 人。2010 年举办体育技术咨询 15 次，服务群众 3650 人；举办体育技术推广 18 次，服务群众 4050 人；举办体育技术培训 62 次，服务群众 2310 人。

表 2-9　体育技术服务的情况

年份	体育技术咨询		体育技术推广		体育技术培训	
	次数（次）	服务人数（人）	次数（次）	服务人数（人）	次数（次）	服务人数（人）
2009	13	3280	16	3320	53	1670
2010	15	3650	18	4050	62	2310

5. 群众体育计划、检查与评价情况

体育活动计划是开展工作的前提，也是实施《全民健身计划纲要》的计划保证。合理的体育活动计划的规划能够有效指导年度体育活动工作的开展，而开展工作总结则能有效地反思在活动成功的经验与不足，对下一步体育活动的开展具有重要的借鉴意义。根据调查的资料显示，调查区域所有从事体育工作的部门都有开展全民健身体育工作的年度工作计划，也有开展全民健身体育工作的定期活动总结（图 2-12）。此外，还有 93.2% 的部门建立了群众体育表彰和惩罚制度体系。

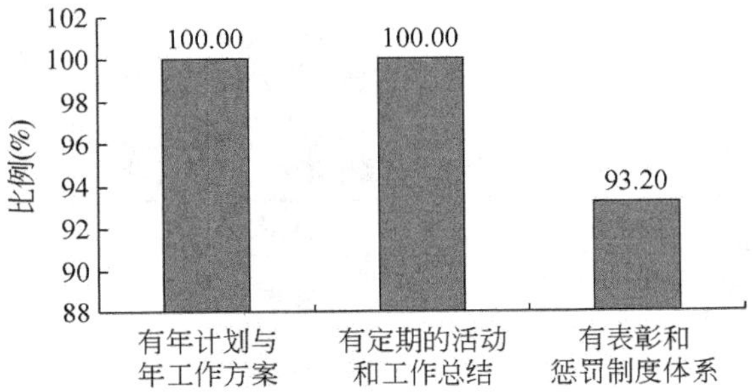

图 2-12　群众体育的计划、检查与评价情况

《〈全民健身计划纲要〉实施情况调研问卷》主要是对《全民健身计划纲要》执行主体的调查，而政策实施的结果更多地是体现在政策对象发生的变化上。因此，除了要调查政策执行主体的作为之外，还应调查《全民健身计划纲要》的实施给政策对象带来的实质性变化。

2.2.2 《农村群众文化体育活动调查问卷》的结果与分析

《农村群众文化体育活动调查问卷》主要是从农村居民文化体育活动的参与态度、农村居民文化体育活动的参与现状、农村文化体育设施的建设现状、农村居民文化体育的消费支出四个方面了解《全民健身计划纲要》的实施情况。

1. 从农村居民文化体育活动的参与态度看群众体育政策的执行

体育活动参与态度的改变也是《全民健身计划纲要》实施要实现的政策目标之一，因为只有积极地参与态度才可能有参与的行为，才有可能达到健身的实际效果。

（1）农民参与文化体育活动的态度现状

1）超过六成农民认为有必要参与体育锻炼。对于参加体育锻炼的必要性问题，受访农户总体上持积极肯定态度。调查显示，认为平时有必要进行体育锻炼的农户比重较高，接近有效样本总数的三分之二，达到66.5%；认为没有必要进行体育锻炼的农户比重较低，不足有效样本总数的两成，为17.7%；另有15.8%的农户对于是否有必要参加体育锻炼并不关心。在实地调查中，我们时常听到农民反映“每天干农活就是锻炼身体”“干农活本来就很累，哪还有时间和精力再去参加体育锻炼?”等说法，还有农民认为参加文化体育活动是城里人的事情，农民不需要也不应该参与。可见，农民总体上还是认为有必要参加体育锻炼，但不少农民也对此存在一些误解，凸显了当前农村体育文化建设中政策宣传不到位的问题。为此，进一步加强政策宣传，激发农民参与文化体育活动的积极性，是未来国家推动农村文化体育建设工作的重要方面。

从不同年龄层农民的态度来看，认为有必要参加体育锻炼的农户中，20～30岁农户比重最高，超过了有效样本总数的八成，达到81.2%；30～40岁农户比重其次，为74.5%；40～50岁农户的比重也在七成以上，达到71.4%；50～60岁农户比重相对较低，为65.9%；60岁以上农户比重最低，仅为56.3%。也就是说，年龄越轻的农户，越倾向于认为有必要参加体育锻炼。同时，在不关心体育锻炼的农户中，表现为年龄大农户的关心程度高，年龄小的关心程度低。其中，60岁以上农户的比重达到了23.9%，而20～30岁农户的比重仅为4.7%，两者的差距接近20个百分点（表2-10）。总体上看，随着年龄的增长，认为有必要参加体育锻炼的农户比重依次降低，农户对体育锻炼的重视程度也随之降低。以此为出发点，未来国家在开展农村群众文化体育活动时，应当以农村中青年人为主要政策对象，积极推广符合中青年人特点的文化体育活动。

表2-10　不同年龄层农户对参加体育锻炼的态度（单位:%）

年龄分层	没有必要	有必要	不关心	合计
20～30岁	14.1	81.2	4.7	100.0
30～40岁	12.9	74.5	12.6	100.0
40～50岁	15.9	71.4	12.8	100.0
50～60岁	16.9	65.9	17.1	100.0
60岁以上	19.8	56.3	23.9	100.0
总体水平	17.7	66.5	15.8	100.0

注：由于保留小数点问题，合计可能略高/低于100。

2）四成农民乐于参加免费的体育交流与培训。对于免费开展的体育交流及培训活动，农民的参与动机差异较大，分歧明显。调查显示，受访农户中表示愿意参加免费体育交流及培训的农户比重超过四成，达到有效样本的40.3%；表示不愿意参加的农户比重不高，为11.7%，也就是说，每10个人当中只有1个人确定不想参加免费体育交流及培训活动；表示对免费体育交流及培训不感兴趣的农户比重较高，接近有效样本的三成，达到29.8%；另有18.2%的农户表示先观望之后再决定是否参加（表2-11）。总体来看，超过四成的农户乐于参加免费的体育交流及培训，表明组织此类活动具备一定的群众基础，有条件的话可以予以实施。有近五成的农民表示对免费体育交流及培训不感兴趣或者持观望态度，可能的原因是此类活动在农村开展较少，农民的认知度较低。因此，未来若要组织免费的体育交流及培训，应特别注重活动的宣传和动员，培养农民参与体育锻炼的兴趣和爱好，以此调动农民的参与积极性。

表2-11　农民参与免费体育交流及培训的态度

态度	有效样本（户）	占比（%）
愿意	670	40.3
不愿意	194	11.7
没兴趣	496	29.8
观望后决定	303	18.2
合计	1663	100.0

3）超过七成的农民对于身边组织的体育比赛有参与意愿。对于是否参与身边组织的体育比赛，农民的参与态度较为积极。在受访农户中，明确表示将参加此类比赛的农户比重接近两成，为18.6%；表示可能参加比赛的农户比重超过两成，达到23.7%；明确表示不会参加此类比赛的农户比重接近有效样本总数的三成，达到28.8%；另有28.9%的农户表示虽然不会参加比赛，但是会去观看比赛（表2-12）。综合来看，表示愿意参加、可能参加或者愿意观看的农户比重合计达到了71.2%，也就是说，有超过七成的农民对于身边组织的体育比赛有参与意愿，农村开展体育比赛还是有相当的群众基础。可见，对于身边组织的体育赛事，农民总体上参与意愿较高，国家未来在推进农村群众文化体育活动时，可以在符合条件的地区组织此类活动，以此调动农民参与体育锻炼的积极性。

表2-12　农民参与体育比赛的态度

态度	有效样本（户）	占比（%）
参加	329	18.6
可能参加	417	23.7
观看比赛	509	28.9
不参加	507	28.8
合计	1762	100.0

2. 从农村居民文化体育活动的参与现状看农村群众体育政策的执行

《全民健身计划纲要》颁布之初，对我国群众体育发展面临的形势进行了客观的分析，指出我国“群众的体育健身意识还不够强，群众性体育活动的开展还不够广泛，经常参加体育锻炼的人数还不够多……”；因此，“全民健身工程”的目的和任务是“到 21 世纪末，经济、社会和体育发展程度不同的各类地区，经常参加体育活动的人数都应有所增长，……群众参加体育活动的时间、体育消费额等逐步加大……”；为实现这一政策目标，农民群众是群众体育工作的主要对象之一，农民的体育活动是全民健身工程的工作重点之一。因此，农村居民对于文化体育活动的参与程度理应可以较好地反映出群众体育政策执行的成效与问题。

（1）我国农村居民文化体育活动的参与现状

文化体育活动必须以农民有足够的闲暇时间为前提展开。在调查中我们发现，每日平均闲暇时间在 3 小时以上的农户比重接近有效样本的六成，达到 59.1%；闲暇时间在 2 ~3 小时的农户比重也不低，接近有效样本的四分之一，达到 25.5%；闲暇时间在 1 ~2 小时的农户比重近略高于一成，为 12.3%；闲暇时间在 1 小时以下的农户比重很小，仅为 3.1%。总体来看，有超过八成的农民每天的闲暇时间在 2 个小时以上，几乎所有的农民每天至少有 1 个小时的闲暇时间（表2-13）。可见，农民平时的闲暇时间还是较为充裕的，在时间上并不会对农民参与文化体育活动造成影响。

表 2-13　农民每日的闲暇时间

每日闲暇时间	有效样本（户）	比重（%）
1 小时以下	56	3.1
1 ~2 小时	218	12.3
2 ~3 小时	452	25.5
3 小时以上	1049	59.1
合计	1775	100.0

在对受访农户的调查中我们发现，尽管农民的闲暇时间较多，但是他们的日常休闲主要以娱乐活动为主，文化体育活动并不多。统计显示，高达 37.1% 的农户在闲暇时间里主要的休闲方式是打牌（麻将），很多村庄都经营有专门的棋牌娱乐场所，参与者多为中青年人群，过年前后是农民打牌（麻将）最集中的时段；在农民的主要休闲方式中，选择看电视的农户比重也非常高，接近有效样本的三成，达到 33.3%，是仅次于打牌（麻将）的第二大休闲活动。相比以上两

类休闲方式而言，农户参与其他休闲活动的比重较低，均未超过总有效样本的一成。其中，选择读书看报的农户比重相对较高，达到了9.4%；选择看电影和听广播的农户比重也不少，其占比分别达到了9.1%和7.7%；此外，选择下棋、看戏、上网的农户比重很低，分别只有5.5%、5.0%和3.0%，农户参与这些活动的频率不高，很大程度上并不是农户不愿参与，而是受到主客观条件的影响，如并不是所有农村都有戏剧演出，有能力购买家庭电脑的农户也很少；在所有休闲方式中，农民选择打球等体育活动的比重最少，只占到总有效样本的2.3%（表2-14）。总体上看，农民在选择休闲方式时，更加倾向于选择打牌（麻将）、看电视等娱乐性更强的闲暇活动，选择读书看报、下棋、看戏等文化性活动的比重普遍较低，选择体育活动的积极性最低。可见，目前农村群众文化体育活动的开展情况并不乐观。

表2-14 农民娱乐方式的选择

文化体育活动方式	有效样本（户）	比重（%）
打牌（麻将）	854	37.1
下棋	127	5.5
听广播	176	7.7
打球等体育活动	54	2.3
上网	69	3.0
看电视	766	33.3
看电影	210	9.1
看戏	113	5.0
读书看报	217	9.4
其他方式	260	11.3

注：由于此题采取的是多选，因此样本户数总和超过了1942户，比例之和也超过100%。

通过表2-14可以看到，看电视是当下农村中最为普遍的休闲方式之一，而事实上电视也可以成为农民了解和参与文化体育活动的一条重要途径。但调查中我们却发现，农民常看的电视节目主要以娱乐性的电视剧和新闻类节目为主，文化体育类节目的关注程度相对较低。数据显示，在农民常看的电视节目中，选择新闻类节目的农户最多，其比重超过有效样本的一半，达到52.8%；其次是电视剧，其农户比重也在有效样本的五成以上，达到52.6%；选择法律节目的农户比重排在第三位，超过了有效样本的两成，为20.6%；选择娱乐节目、体育节目、电影以及科技节目的农户比重明显较低，分别只有16.7%、12.4%、12.1%和10.5%（表2-15）。基于以上分析可以发现，农民看电视主要基于两个方面的需求，一方面，农民希望借助电视媒介获得更多的外部信息，了解国家和地方的政策动向；另一方面，农民将看电视作为休闲放松的重要方式，倾向于选择娱乐性、情节性更强的电视节目，而对其他文化体育节目的关注度较低。

表 2-15　农民常看电视节目的选择

电视节目	有效样本（户）	占比（%）	电视节目	有效样本（户）	占比（%）
新闻类节目	1214	52.8	法律节目	474	20.6
体育节目	285	12.4	电视剧	1210	52.6
科技节目	241	10.5	电影	279	12.1
娱乐节目	384	16.7	其他	159	7.0

注：由于此题采取的是多选，因此样本户数总和超过了 1942 户，比例总和也超过 100%。

（2）农村居民文化体育活动的参与现状所映射的群众体育政策执行情况

1）农村群众体育政策执行的时间资源较充裕。群众体育政策（特别是《全民健身计划纲要》）与其他政策不同，它的执行成效需要通过政策对象的活动（体育锻炼）得以展现。那么，政策对象是否有时间参与体育锻炼也就是群众体育政策能否执行或执行效果如何的关键影响因素之一；换言之，群众体育政策的执行需要较为充裕的时间资源。本次调查数据显示农民平时的闲暇时间还是较为充裕的，80% 的农户每天的平均闲暇时间在 2 小时以上，充裕的闲暇时间可以说是群众体育政策执行的优厚时间资源。

从某种意义上说，充裕的闲暇时间正是农村群众体育政策资源优于城镇群众体育政策资源的地方；对于生活节奏日趋加快的现代都市人而言，每天几乎没有什么闲暇时间：随着城区的扩大，上班的距离变远，即便是朝九晚五的上班时间，早上也需要在五六点就起床（因为上班路上很可能需要花费一两个小时），而五点下班后到家的时间估计也到了晚上七八点（如果下班高峰堵车严重则会更晚），做饭、洗澡之后也就马上睡觉了，不然第二天会因缺少睡眠而难以应付工作。这样算来，每天几乎没有额外的时间特意留给体育锻炼。乡村生活则不然，节奏不快，不需要在上下班的路上消耗掉大量宝贵的时间，只要认识到位，完全有足够的时间从事足够的体育锻炼。

当然，需要指出的是，农民的闲暇时间具有非常明显的季节性特征。例如，在冬季等农闲时段，农民几乎不需要参与农业生产活动，闲暇时间尤其充裕，而在南方夏季的“双抢”时期，农民的闲暇时间几乎没有。因此，在农村执行群众体育政策，利用农村群众体育政策的时间资源时，必须考虑农民群体闲暇时间的季节性特征，组织开展体育文化活动时尽量安排在农闲时间，这样才有可能提高农民参与体育活动的积极性，群众体育政策的执行才能取得较好的效果。

2）电视是推进农村群众体育政策执行的有效传媒渠道。电视可以说是在农村覆盖面最广、普及率最高的大众传媒；而事实上，看电视也是当下农村中最为普遍的休闲方式之一，近33.3%的农户优先选择电视作为闲暇时间的休闲娱乐方式。电视是农民了解社会的主要渠道，而事实上电视也可以成为农民了解和参与文化体育活动的一条重要途径。

群众体育政策的执行效果如何在相当程度上依赖于政策对象（群众）对于体育政策的理解程度，包括对于体育锻炼的价值的认识、对于政府相关举措的理解、对于政策相关要求的认同等。要让政策对象更好地理解政策内容，政策宣传必不可少；要达到较好的政策宣传效果，那么宣传渠道的选择至关重要。对于农村居民而言，即便是连篇累牍地在网上或报纸上大肆宣传群众体育政策的内容、价值以及政府的良苦用心，最终只能徒劳无功。因为，在农村，且不谈互联网是否已经进驻，哪怕是互联网能够完全覆盖所有的农村，对于农民而言，也不会去花一年好几百的闲钱牵通网线，因为上网对他们而言毫无用处；至于报纸，目前乡村邮政所都难见踪迹，订报纸的农户更是寥若晨星，在报纸上做的宣传也只有极少数农民可以看到。电视则不然，几乎每家都有，几乎人人都看，而且都能看得懂，哪怕看不懂报纸的文盲也能轻而易举地知道电视里在说些什么。因此，如果对电视利用得到，通过电视节目灵活多样地宣传群众体育政策的意义、内容与价值，必将有助于加深农村居民对于群众体育政策的理解，从而为农村群众体育政策的执行提供良好的社会支持。

3）多方面的因素影响着农村群众体育政策的有效执行。尽管通过调查数据的分析，我们认为农村群众体育政策的执行有着充裕的时间资源和良好的宣传渠道；但实际上由于多方面因素的影响，农村群众体育政策充裕的时间资源与良好的宣传渠道都未能得到有效的利用，从而也影响了群众体育政策的执行效果。

首先，就农村群众体育政策充裕的时间资源而言，尽管农民的闲暇时间较多，但是他们的日常休闲主要以娱乐活动为主，文化体育活动并不多。统计显示，高达37.1%的农户在闲暇时间里主要的休闲方式是打牌（麻将），33.3%的农户选择看电视，是仅次于打牌（打麻将）的第二大休闲活动。相比以上两类休闲方式而言，农户参与其他休闲活动的比重较低，均未超过总有效样本的一成。在所有休闲方式中，农民选择打球等体育活动的比重最少，只占到总有效样本的2.3%。总体上看，农民在选择休闲方式时，更加倾向于选择打牌（麻将）、看电视等娱乐性更强的闲暇活动，选择体育活动的积极性最低。可见，目前农村群众文化体育活动的开展情况并不乐观。本次调查的数据与相关学者的前期调查是一致的。例如，孙季成等（2006）在浙江地区的调查结果显示，在农村居民中的性别、年龄阶段、文化程度与拥有土地四个因子中，各群体在对几种比较喜欢的余暇活动的选择方面，从总体上来看，“电影电视”选项人数分布比例也占有绝对优势，人数分布比例排名比较靠前的其他选项为“阅读书报”“会客聊天”“棋牌”，与其他选项相比，“体育活动”选项的人数分布比例在各因子群体中处于最低的位置。也许有人会指出，农村居民参与体育活动积极性不高的原因在于农民家庭经济条件差，经济条件是影响农民参与体育活动积极性的关键因素。然而，即便是家庭比较富裕的农民群体，其选择也大体如前。例如，朱家新（2007）在福建沿海地区的调查显示，从休闲活动内容来看，富裕农民的选择依次是看电视电影、会客聊天、看书报、参加体育活动、参加宗教活动。足见，经济条件并不是影响农村居民参与体育活动积极性的最关键因素。不仅如此，孙季成等（2006）进一步调查指出，在回答“今后是否打算参加体育活动”的问题时，回答“是”的人仅占19.78%，回答“否”的与处于犹豫状态而“还不能做决定”的人的比例高达74.45%；在对“体育有益健康”问题的回答中，在特定的农民群体中回答“必需”的人数比例仅为35.16%，回答在“一般”与“无所谓”两个选项分别占46.43%和18.13%，表明农民群众对“体育锻炼有益健康”的主观认识不足，这可能是导致他们参加体育活动积极性不高的一个主要原因。

从行为动力学分析，健身氛围也是影响农民参与文化体育活动积极性的一个重要因素，行为科学认为，群体一致性是群体动力的来源，一致性是由群体内部成员共同目标、观点和共同兴趣、爱好构成的。群体一致性才能产生动力，群体无形的规范和压力会使边缘人感受到，并重新调整自己的行为。对于在乡下的农民来说，也许农民体育组织能够起到带动居民参与运动的作用。但相关调查显示，除半数左右的乡镇有初级体育组织外，广大乡村，还很少见到群众体育管理组织（张文静和田雨普，2009）。在访谈中，我们发现农民不参与体育锻炼的一个原因就是怕人家笑话，“俺们乡下人哪能像城里人那样跳舞哦，丑都丑死了”“在乡里，一个人做广播操、打太极拳，怎么感觉都不自在”。这些话语的出现都与健身氛围的缺乏相关，解决农民思想中的怕人家笑话的问题实际上也就是一个健身氛围营造的问题，如果大家都这样了，还有谁会笑话谁呢。只要能够形成特定的健身群体和营造一定的健身氛围，周围的农民就会主动参与进来，从而带动农民参与体育活动。

农村生活方式的低频率为群众体育政策的执行提供了充裕的时间资源；但同时农村生活方式的传统性也羁绊着农村群众体育活动的开展，阻碍着农村群众体育政策的执行。尽管城镇化的发展、工业经济与知识经济的崛起大大地推进了中国的现代化进程，但这种快节奏、高效率、知识覆盖式的现代生活并没有给广大农村社会的根基和生活方式带来根本性的冲击和变革，中国式的农村生活方式仍然以一种农业文明特有的稳定结构从容地持续存在着。社会的变革似乎并未对我国绝大部分农村居民的生活传统造成显著的影响，人们仍然持续地复制着从先辈那里继承下来的生活方式。所谓生活方式是指人们社会生活各方面的具体形式（韩明谟，2001）；农村居民凭借日常生活的传统、习惯、风俗、经验、血缘等，维系着他们社会生活的各个方面，在家庭、村落等自然体系中建构起他们生活方式的规定性和日常观念活动（衣俊卿，2005）。正是这种对代表着现代社会特性的群众体育活动的推行与扩展造成了难以想象的阻滞，当人们习惯于用走亲串户的传统和习惯来建立或协调村民人际关系，而且这种人际关系足以满足人们的交往需要时，自然就认为没有必要通过体育活动去建构新的人际关系；当村民们的闲暇时光多被玩牌、看戏等习惯所占据时，现代性的各种体育运动也就难免被农村居民鄙视为小孩子的游戏，戏耍般的蹦蹦跳跳。正因为农村居民有着这些最基本、原初、不可或缺的生活方式的规定性，使得他们成为参与体育活动最不积极、为群众体育政策提供社会支持最少的社会群体之一。其表现是，当组织者于农闲时发起迎奥运的健身长跑时，应从者多数是小孩（学生）和村干部，村民几乎都在家中玩牌；暑假期间奥运会实况转播，村里人们更喜欢收看带有故事性的电视节目；镇上安装的健身路径设施成了晾晒被褥的东西（左新荣，2007）。

其次，就电视这一农村群众体育政策宣传的良好渠道而言，其利用效率也不高。调查数据显示，农民常看的电视节目主要以娱乐性的电视剧和新闻类节目为主，文化体育类节目的关注程度相对较低。在农民常看的电视节目中，新闻类节目占的比例最高，达到52.8%；其次是电视剧达到52.6%；选择体育节目仅占12.4%。通过这些数据可以发现，当前农民看电视主要基于两个方面的需求，一方面，农民希望借助电视媒介获得更多的外部信息，了解国家和地方的政策动向；另一方面，农民将看电视作为休闲放松的重要方式，倾向于选择娱乐性、情节性更强的电视节目。从第一方面的需求看，通过电视宣传群众体育政策应该是符合农村居民的需求的；从第二方面的需求看，如果将农民观看体育节目也作为他们参与体育活动的一种形式、作为群众体育政策要实现的目标之一，改变2008年奥运会实况转播都无人问津的状况，我们还有很多工作要做。

农村居民之所以不太关注和参与体育节目，很大一部分原因是看不懂。现代体育特别竞技体育都有着相对复杂的活动规则，如果不了解这些规则，也就不明白这些体育活动的意义与趣味；本次调查过程中的访谈和田野观察表明，农村居民对于现代体育活动的各项规则不甚了了，所以看到这些体育节目的时候也就索然无味了。例如，笔者看足球时，旁边的村民会说："这个有么事好看的哦，几十个围着个球跑，你踢一脚，他踢一脚；说是要踢进那个网子里，结果搞两三个小时，还不是搞不进去一个，零比零，看也不看了"；笔者看体操时，他们会说："这是不是比翻跟斗哦，翻得多的赢是吧？这有么事好看的，还不如跳绳的。"对乒乓球的兴趣似乎较大一点（考虑到"国球"的政治意义，这点也是可以理解的），但是也只是对胜负感兴趣，只要知道中国队赢了就行了。因此，要让村民关注与参与体育节目，普及现代竞技体育的基本知识是必不可少。但是有一类体育节目却颇受村民的关注，即各地方电视台组织的带有一定娱乐性质的、闯关夺宝式的"全民运动会"。因此，为了吸引村民对体育节目的关注，我们还应该尽可能地增强体育节目的趣味性。

3. 从农村文化体育设施的建设现状看群众体育政策的执行

《全民健身计划纲要》颁布之初，对我国群众体育发展面临的形势进行了客观的分析，指出我国"群众的体育健身意识还不够强，群众性体育活动的开展还不够广泛，经常参加体育锻炼的人数还不够多，现有体育场地设施在向社会开放、满足群众开展体育锻炼的需要方面还有较大差距……"；足见，我国政府在实施全民健身计划之初，已经认识到体育场地设施的建设对于群众体育活动开展的重要性。因此，在确立"全民健身工程"的目的和任务时指出"到 21 世纪末，……群众体育健身活动的环境和条件有较大的改善"。农村居民作为群众体育政策的重点对象，他们可以享有的文化体育设施对于群众体育活动的开展，对于群众体育政策目标的达成而言，有着非常关键的影响。换言之，我们通过农村文化体育设施建设与利用的现状分析是能够较好地把握我国群众体育政策执行的成效与问题的。

（1）我国农村文化体育设施建设与利用的现状

必要的文化体育场所（设施）是开展文化体育活动的基础与前提。调查显示，在 68 个调研村庄中，建有宗庙的村庄数量最多，达到了 23 个，占比为村庄总数的 33. 8%。相比而言，具备现代气息的体育文化场所（设施）覆盖率则颇为匮乏。其中，共有 20 个村庄设有老年人活动中心，占比相对较高，达到 29. 4%；建有体育场地的村庄共有 18 个，比例为 26. 5%；有 14 个村庄分别设有文化活动室和阅报栏，占比均为村庄总数的 20. 6%。可见，老年人活动中心、文化活动室和阅报栏是目前农村中主要的文化场所（设施）。同时，建有戏台、祠堂等传统设施的村庄数仍然有 12 个和 9 个，占比分别为 17. 6% 和 10. 3%。电影放映点和文化大院在农村地区的覆盖率非常低，比例分别只有 8. 8% 和 2. 9%（表 2-16）。总体来看，目前我国农村文化体育场所（设施）的种类不多，覆盖面较窄。而且，不同文化体育设施的覆盖程度差异性较大。文化体育场所

（设施）的低覆盖率在很大程度上会对农民参与群众文化体育活动带来负面的影响。

表 2-16　农村休闲场所（设施）的村庄覆盖情况

文化体育设施名称	村庄样本（个）	占比（%）
宗庙	23	33.8
老年活动中心	20	29.4
体育场地	18	26.5
阅报栏	14	20.6
文化活动室	14	20.6
戏台	12	17.6
祠堂	9	10.3
电影放映点	6	8.8
文化大院	2	2.9

注：由于此题采取的是多选，因此样本户数综合超过了 1942 户，比例总和也超过 100%。

农村地区文化体育场所（设施）不仅数量较少，而且质量也不高。在针对体育场所（设施）的满意度调查中，只有 4.2% 的农户对本村的体育场所（设施）表示“非常满意”，表示基本满意的农户比重也不高，仅为 12.1%。也就是说，总计只有 16.3% 的农户对于本村的体育场所（设施）给予认可。在受访农户中，评价体育设施建设状况一般的农户比重最高，接近有效样本总数的四成，达到 36.9%；对村庄体育设施表示“不满意”和“很不满意”的农户比重也很高，占比分别为 28.7% 和 18.1%，即 46.8% 的农户对目前村庄的体育场所（设施）建设持否定态度（表 2-17）。基于这一农民对体育设施满意度的构成情况，我们可以考察人们是否因为对体育设施满意度的不同而对体育运动产生不同的热情程度。从表 2-18 中我们可以看出人们无论对体育设施的满意程度有如何，在对体育运动的热情方面仍然是选择“一般”的较多。对于这两个定类变量我们需要考察在调查总体中，人们是否因为对体育设施满意度的不同而对体育活动产生不同的热情。

表 2-17　农民对所在村体育设施的满意度

满意度	非常满意	基本满意	一般	不满意	很不满意	合计
有效样本（个）	73	212	645	501	317	1748
占比（%）	4.2	12.1	36.9	28.7	18.1	100.0

表2-18 对体育运动的热情与对体育设施的满意度构成情况

		无填答/不回答	非常满意	基本满意	一般	不满意	很不满意	合计
无填答/不回答		1	0	0	0	0	0	1
农民对体育运动的热情	强烈	0	13	12	14	22	50	111
	较强	0	17	50	45	93	41	246
	一般	0	12	120	443	200	123	898
	较差	0	4	24	97	174	98	397
	很差	0	0	5	43	9	32	89
合计		1	46	211	642	498	344	1742

表2-19是单因素方差分析的方差是否相等的检验结果。相伴概率为0.051，显著性水平设为0.05，对体育设施不同的满意度的情况下人们对体育活动的热情的方差没有显著差异，近似满足单因素方差分析中方差相等的要求。因此能够用单因素方差分析的方法来检验其关系。

表2-19 方差分析结果

Levene统计量	自由度1	自由度2	显著性系数
27.437	4	1736	0.051

从表2-20中可以看出，*F*统计量17.571是平均的组间平方和除以平均的组内平方和的结果，其对应的相伴概率值是0.00，小于显著性水平0.05，因此应拒绝零假设，认为对体育设施的不同的满意度状况对人们的体育活动热情产生显著性影响。*F*统计量20.228和16.906，它们分别是平均的回归平方和除以平均的组内平方和、不能被控制变量线性解释的平均平方和除以平均的组内平方和的结果，他们对应的相伴概率分别是0.001和0.000，都同样小于显著性水平0.05，表明他们比组内差要大得多，也证明了人们热情程度的不同是由其对体育设施的满意度不同造成的。

表2-20 方差分析结果

			平方和	自由度	均方	*F*值	显著性
组间	联合		69.643	5	13.929	17.571	0.000
		加权	16.035	1	16.035	20.228	0.001
		有偏	53.608	4	13.402	16.906	0.000
组内			1376.148	1736	0.793		
合计			1445.791	1741			

当问及“您平时主要的休闲场所（设施）有哪些”时，受访农户中选择“有线电视”的农户最多，其占比接近总有效样本的三成，达到27.9%。在所有选项中，选择“有线电视”的农户比重是唯一超过20%的，农户的其他选择均在20%以下。其中，农户比重在10%～20%的共有四项，分别是寺庙、老人活动室、文化活动室及有线广播，其占比分别为有效样本的16.5%、13.0%、12.0%和10.2%。可见，当前农民的传统文化观念依然浓重，敬祖拜神在农民的日常生活中仍然占据重要的位置。同时，老人活动室、文化活动室等活动场所也逐渐开始受到农民的认可，农民的参与情况正在逐步提高。需要指出的是，我们在实地调查中发现，农民去老人活动室、文化活动室并非参与文化体育活动，而仍然是以闲聊、打牌（麻将）等娱乐活动为主。相比而言，农民选择“体育场地和器材”的比重不高，仅为8.2%。而选择文化性较强的“阅报栏”“个体图书室”等的农户比重更低，只有3.4%和2.0%（表2-21）。综合来看，农民对“有线电视”的利用率远远高于其他各类休闲场所（设施），表明娱乐性强的休闲活动仍然是农民的首选。对寺庙、老人活动室、文化活动室等的闲暇利用情况表明，当前农民在选择休闲场所（设施）时，具有传统和现代并重的趋向，其中传统型的取向更为明显。相比而言，农民农闲时选择去专门性的文化体育活动场所（包括体育场地、个人图书室、阅报栏等）等比重很低。总体来看，农民在农闲时热衷于娱乐性活动，重视传统文化活动，对趣味性不强的文化体育活动并不看重。

表2-21　农村主要的休闲场所及设施

文化体育设施名称	样本户数（户）	占比（%）
文化活动室	268	12.0
戏台	117	5.1
阅报栏	78	3.4
体育场地及器材	188	8.2
老人活动室	297	13.0
个体图书室	47	2.0
电影放映点	90	4.0
有线电视	633	27.9
有线广播	235	10.2
祠堂	106	4.6
公共网吧	42	1.8
寺庙	379	16.5

注：由于此题采取的是多选，因此样本户数综合超过了1942户，比例总和也超过100%。

（2）农村文化体育设施建设现状所映射的群众体育政策执行情况

1）农村文化体育设施覆盖面窄是影响农村群众体育政策执行的客观因素。村落的体育场地设施是开展农村体育活动的基本物质条件，是农村群众体育政策执行所必需的物质资源。在调查所及的村庄中，共18个村庄建有体育场地，占调查样本比例的26.5%；有14个村庄分别设有文化活动室，占调查样本比例的20.6%；共有20个村设有老年人活动中心，占样本比例的29.4%。由此可见，我国农村文化体育场所（设施）覆盖面仍然较窄。这一结论与管延伟等在山东省的调查结果是一致的，要满足农村开展体育活动的基本物质条件仍任重道远。农村体育场所（设施）的匮乏仍然是造成农村群众体育政策执行阻滞的一个重要的客观因素。诚所谓“巧妇难为无米之炊”，对于农村群众体育政策的对象主体——村民而言，即便是想要参与具有现代性的各项体育活动，提高身体素质，如果没有相应体育场所和设施的供给，每个人也是难以得到充分的锻炼的；对于农村群众体育政策的执行主体而言，无论是做出多大的宣传与引导努力，即便是村民已经认识到体育锻炼不同于日常的劳作，已经激发起参与体育锻炼的积极性，而且也做好了坚持锻炼的意志准备，但是行动时却发现想打篮球没有球场，想打乒乓球没有乒乓球台，想跳跳体育舞蹈没有场所，结果只能导致政策执行主体的前期工作付诸东流。也正是如此，所以在“体育活动不能开展的原因”中，调查对象排在第一位的是“有时间，没有活动场地设施”，这直接证明缺少场地设施仍是制约农村开展体育活动的关键因素。

2）农村文化体育设施利用率低是影响农村群众体育政策执行的主观因素。农村地区文化体育场所（设施）的匮乏不仅表现为数量少，而且还表现为质量低。调查数据显示，在针对体育场所（设施）的满意度调查中，只有4.2%的农户对本村的体育场所（设施）表示非常满意，表示基本满意的农户，仅为12.1%。即总共只有16.3%的农户（“非常满意”“基本满意”）对于本村的体育场所（设施）表示认可。在受访农户中，评价体育设施建设状况一般的农户比重最高，达到样本总数的36.9%；对村庄体育设施表示“不满意”和“很不满意”的农户比重则分别为28.7%和18.1%，即46.8%的农户对目前村庄的体育场所（设施）建设并不认可。村民对体育场所（设施）建设并不认可，也直接地影响了农村体育场所（设施）的利用率。在调查问及“您平时主要的休闲场所（设施）有哪些?”时，农民选择“体育场地和器材”的比重仅为样本的8.2%；选择去老人活动室、文化活动室也只占有效样本的13.0%和12.0%。足见，当前农村文化体育（场所）设施的利用率是较低的。这一结果与管延伟等人的调查结果同样是一致的。管延伟在山东省的调查指出，选择场地设施“偶尔利用”和“几乎不用”的占60.5%，利用率非常低，几乎一半的场地设施没发挥功能或只建不用；选择场地设施“基本无人维护”和“已荒废”的占55.1%，一半多的场地设施基本无人维护和已荒废，建设的场地设施没发挥其应有的作用，没体现它的使用价值。在调查“体育活动不能开展的原因”时，排在第一位的是“有时间，没有活动场地设施”；而紧随其后，排在第二位的是“有时间，有场地，但活动没实际意义”，成为不愿或不能进行体育活动的第二大原因。有了场地设施，又觉得该场地设施不能满足自己的需要甚至反感，这种状况表明对农村体育场所和设施认可度不高导致的低利用率可以说是导致农村群众体育政策执行阻滞的主观因素。访谈中发现，村民对体育场所（设施）建设不认可原因主要包括：①所建非所需。当前我国很多农村地方的体育场所和设施的建设没有考虑城乡体育文化和体育偏好的差异，往往是单纯地追求城乡统一化，结果导致很多具有城市体育文化导向的现代体育场所和设施并不符合村民的需要，如所谓的多功能大型体育馆对于农村居民而言，是完全不需要的；还不如一个露天的平坦的大水泥场；同样也不是所有的村落都需要篮球馆或网球场，相反需要的乒乓球台、台球室却被忽视了。②布局不合理。有些体育场所和设施安置在离村庄较远的地方，往往需要村民走上二三十分钟的路才能到达；这让“怕麻烦”的村民们宁愿放弃使用这些体育设施和场所。正如访谈中的一名村民所说，“搞个锻炼还跑那么远，我走去走回也是锻炼了，还玩那些铁家伙干嘛”。③使用方法不明了。某些现代体育设施的使用往往需要专门的指导，然而调查中发现，很多体育设施安装好之后，并没有专门的人负责讲解设施的使用以及注意事项；对新生陌生事物的恐惧，害怕在使用时发生不可预料的危险，从而也就没有多少人愿意做“第一个吃螃蟹的人”了。

3）多重因素影响着农村文化体育设施的覆盖面和利用率，从而影响着农村体育政策的执行。农村文化体育设施（场所）的匮乏是多重因素影响的结果。首先是体育管理机制的不健全导致我国农村体育场地设施缺乏。一方面，我国现行的体育管理体制仍然是一种高度集权的行政管理模式，政府在体育机构中集中了全部的管理权力。在这种管理体制下，在体育事业的管理过程中政府官员会优先选择能尽快显示政绩的领域，政绩不明显、吃力不讨好的领域（农村群众体育正是这样一个政绩不易显现的领域）则尽可能地交由市场去完成。可惜的是，市场上的“经济人”依循利润最大化的原则，自然不会主动地去承担这份责任，其结果只能造成城市与农村、农村与农村之间的体育设施资源分配不均，强者更强，弱者更弱的“马太效应”。另一方面，目前的情况是，很多村镇基本上没有管理和组织文化体育活动的专职干部，文化体育部门机构形同虚设，更不用说加强管理、提高管理水平了。正是从上到下体育管理体制的不顺畅、不健全，政府缺位与政府越位并存，导致了农村体育设施资源匮乏与分配不均同时存在，从而影响了农村群众体育政策整体实施效果。

其次是不合理的体育财政政策导致我国农村体育场地设施缺乏。作为群众体育的一部分，农村体育也是一项公益事业，现阶段其资金来源主要也依靠政府财政拨款。《农村体育工作暂行规定》（体群字〔2002〕53 号）第十二条规定，“农村体育事业经费和体育基本建设资金应当列入县级财政预算和基本建设投资计划，并随经济发展，逐步增加对体育事业的投入。”也就是说农村体育投资是以县为主。这对财政实力较强的县、乡（镇）发展体育事业是有力的推动与促进。但是目前，我国大多数县级财政是“吃饭财政”，能够勉强维持已属不易，根本不可能有多余的财力去投资办体育。由此可见，以县为主的农村体育财政政策并不能提供农村体育发展所需要的资金，也难以支撑高覆盖率的农村体育场所和设施的建设，从而也阻碍着农村群众体育政策的执行。

最后是群众体育和竞技体育之间地位的失衡影响了农村体育场地设施的筹建。长期以来，我国重视竞技体育，忽视群众体育，使竞技体育在我国体育事业中占有强势地位，群众体育处于弱势地位，农村群众体育则更是弱势中的弱势。在资源有限的条件下为了尽快实现体育强国的梦想，优先投资发展竞技体育，暂行搁置群众体育是必然之选。此外，我国体育政策的主要决策者和重要影响人物一般都有过竞技体育的经历，是竞技体育的直接受益者，他们对成就自己金牌梦想的竞技体育怀有深厚的感情，与竞技体育保持着密切的联系，在涉及重大体育决策时自然会支持竞技体育。相反，群众体育利益分散，受益主体众多，在体育决策中处于弱势地位，除了中央政府的支持外少有组织和群体为群众体育代言，至于弱中之弱的农村体育则更是找不到自己的代言人。农村群众的体育利益也就难以在政策层面得到体现了。可以说，正是因为农村体育和竞技体育的不同地位，导致体育设施资源在竞技体育和群众体育之间分配的不公平，从而造成了农村体育设施资源的短缺，限制了农村群众体育政策效力的实现。

4. 从农村居民文化体育的消费支出看群众体育政策的执行

文化体育消费支出是衡量农村居民参与文化体育活动程度的重要指标。实地调查显示，2009 年受访农户的年均家庭收入为 28 162. 7 元，年均家庭支出为 17 632. 9元，其中，用于文化方面的消费支出户均为 322. 8 元，文化消费支出占年均家庭收支情况的比重分别为 1. 1% 和 1. 8% 。可见，不论是从收入还是从支出上看，农村居民的文化消费支出都处于极低的水平。如果按照当前全国 2. 11 亿农村家庭来推算，农村居民用于文化消费的总额年均约为 681. 1 亿元。不难发现，由于我国农村人口基数极大，在户均消费很低的情况下我国农村文化消费市场依然保有相当大的市场规模。可以预见，随着我国农村文化事业建设的不断发展，农村居民文化消费水平也将随之提高，由此带来的文化消费市场容量将是无法估量的。

与文化消费状况相比，我国农村居民的体育消费额度更显不足。调查显示，受访农户中每年用于体育方面的支出主要集中50元以下，其农户比重超过有效样本的八成，达到84.9%；体育消费支出在50～100元的农户比重急剧减少，不足有效样本的一成，仅为9.5%；体育消费支出在100～200元的农户比重更低，只有3.2%的水平；而高于200元以上体育消费支出的农户比重最低，仅为2.4%（表2-22）。由此可见，目前农村居民的体育消费支出仍然处于极低的水平。进一步的调查发现，在受访农户中，只有2.4%的农户认为体育消费是家庭总支出中的一项主要内容，也就是说，在高达97.6%的农户家庭支出结构中，体育消费支出均被列为次要的支出项目。这表明，农村居民并非没有体育消费的能力，其参与体育活动的影响因素主要在于农村居民的内在需求以及外部条件。

表2-22　农村居民近一年来用于体育上的开销

调查项目	有效样本（户）	比例（%）
50元以下	1421	84.9
50～100元	159	9.5
100～200元	53	3.2
200元以上	41	2.4
总体	1674	100.0

2.3　典型案例分析

大范围的问卷调查固然可以揭示群众体育政策执行的成就与问题，但是容易忽略某些地区在执行群众体育政策中的特色与个性；因此，我们还在湖北和河南两省选择了两个地方作为典型个案予以分析：一是湖北省的京山县；二是河南省的新乡市。

2.3.1　以品牌推动群众体育的发展：京山县的案例分析

京山县位于湖北省中部。近年来，该县以网球运动为重点，全面开展群众体育活动，推动了全县全民健身事业发展。1996年，京山县被命名为“全国体育先进县”；2005年被评为“全国群众体育先进单位”；2006年和2009年，县文化体育局先后被国家体育总局授予“全民健身活动先进单位”和“全民健身优秀组织单位”。

早在 20 世纪 90 年代，县政府就成立了实施《全民健身计划纲要》领导委员会，建立了相关部门参与的联席会议制度，将全民健身工作纳入全县国民经济和社会发展总体规划，纳入乡镇和有关部门目标考核范畴，纳入财政预算，每年召开县长办公会专题研究，召开全民健身领导委员会专题部署，年底考评结账，以增强各级各部门抓全民健身工作的自觉性和责任感。在领导机构建立之后，又着手加强群众体育组织建设。全县 14 个镇、1 个开发区、县城 10 个社区都成立了全民健身工作领导小组。全县有具备法人资格的体育社团 22 个，网球、篮球俱乐部 10 个，各镇建有体育协会，20% 的村建有老年体育协会，全县共有社会体育指导员 300 多人，全国青少年体育俱乐部 1 个，省传统项目学校 1 所，晨晚练点 80 多个，体育协会会员 1 万多人，形成了政府主导、体育部门牵头、相关部门配合、各行业单位协同、社会广泛参与的全民健身组织网络。

在政策文本的建设上，京山县认真研究制定了本地区落实《全民健身条例》的工作方案，树立了“一创三带”的工作思路，即以群众性网球运动为重点，创建“中国网球之乡”品牌，以此带动体育场地设施建设，带动本地水上游乐、漂流、登山等运动的普及，带动全民健身活动的全面开展。

网球运动在京山县有着较好的群众基础，经过 20 多年发展，全县参与网球运动人口超过 1 万人。县委、县政府把创建“中国网球之乡”作为着力打造的地方名片之一，通过如下一些措施强势推动网球运动的开展：①建立三种机制。一是政府组织引导与部门齐抓共管相结合的领导机制。县政府出资组建了京山县第一支网球队，建起第一片网球场。1986 年，京山县老年网球队作为湖北省唯一的县级代表队参加全省老年人网球赛并夺得冠军，县委、县政府适时引导，安排县领导牵头抓老年网球活动。先后承办了湖北省第二届老年人网球赛和中南六省市第二届老年网球邀请赛，把发展网球运动纳入全县经济社会发展的总体规划之中，把争创“网球之乡”写入“十五”“十一五”规划。1995 年、2001 年和 2008 年，县政府先后三次下发文件，动员全县人民争创“中国网球之乡”。在县政府的组织引导下，县直各部门、企业积极行动，干部职工踊跃参与到网球运动中来，逐步形成了全民参与网球运动的热潮。二是公益化推进与市场化运作相结合的运行机制。县委、政府从关注民生的高度，在财力十分紧张的情况下，挤出资金支持开展网球运动。随着经济的发展、群众生活水平的提高和网球运动的普及，京山县又积极地探索市场化的路子。在场地建设上，坚持政府组织、部门出资，社会力量参与，在场地使用上，以公益性为主，同时部分场地采取租赁、培训等方式实行经营。在赛事组织上，主要采取市场运作方式。在网球用品经营上，有意识地引入经销商开展竞争。三是财政投入与社会筹资相结合的投入机制。县政府将网球事业纳入社会发展计划，纳入城市建设规划，动员小区业主、有条件的单位和企业建设网球场。县财政局将县网球学校训练经费全额纳入财政预算，每年还安排网球活动专项资金，为网球运动开展提供经费保障。②发挥三个作用。一是发挥网球学校的孵化器作用。将县青少年业余体校更名为“京山县网球学校”，重点普及推广网球运动。自1997年以来，县网球学校先后引进和培养了5名网球教练，开设网球班常年进行训练；利用寒暑假组织青少年网球培训，每年培训300多人次；坚持开展职工业余网球培训，累计培训职工2700多人次。二是发挥社会培训的放大器作用。县直单位、企业出钱、出力，广泛开展网球训练，组织职工学习网球。有的把教练请到本单位对职工进行培训，有的把单位网球骨干送出去学习培训。县内民营企业华贝实业投资有限公司把网球作为企业名片来打造，经常组织企业职工参加网球培训，每年赞助举办“华贝杯”网球赛，已连续15届，公司现有网球场地5片，参加网球运动的职工300多人，占职工总数的40%。三是发挥比赛活动的催化剂作用。京山县每年都举办网球公开赛，由企业冠名的“京山轻机杯”网球赛、“华贝杯”网球赛每年一次，已连续举办十多届。全县女子网球赛、少儿网球赛坚持举行，老年网球赛每月一次。同时，他们还积极承办网球赛事。先后承办省运会网球赛、中南六省市老年网球邀请赛，湖北省老年网球赛，组织武汉城市圈网球赛等赛事，邀请省内外包括来自台湾地区的网球俱乐部来京山献技，激发了群众参与网球运动的热情。③加强三个建设。一是加强青少年人才建设。县业余体校将网球作为主训项目，开办网球常年训练班，发现和培养优秀后备人才。五年中先后向省网球学校输送学生10人，向省集训队输送3人，进省网球专业队1人。为了抓普及、促提高，从2008年开始，在全县中小学实施“网球进课堂”工程，在小学开设网球课，进行网球启蒙教育，以培养学生的网球兴趣，扩大网球的社会影响。二是加强网球协会建设。县网球协会现有会员5000多人，分设青少年网球俱乐部、成年网球部、老年网球部。协会会员中既有单位干部职工，也有社会从业人员；既有老年人，也有青少年，有的一家三代都是网球协会会员；既有企业职工，也有乡镇农民，会员遍及全县。三是加强网球场地建设。县政府把网球场地建设纳入城市规划，纳入城市公共体育设施范畴，要求县直部门、企业、房地产开发商在建设过程中配套网球场地，使网球场遍布城区各单位、职工住宅区、居民小区。全县现有网球场地85片，县城区平均2500人拥有一片网球场，其中县网球中心达到承办国家A级网球赛事标准。

在大力开展网球运动的同时，为了激发社会各方面办群众体育的热情，吸引广大群众参与全民健身，京山县还不断加强群众体育基础设施建设，精心设计其他各种群众喜闻乐见的体育活动形式。全县现有各类体育场地 600 多个，其中标准篮球场 130 多个、网球场 85 片、门球场 20 个、全民健身路径和农民体育健身工程 100 多条，为京山县全民健身活动开展提供了有利条件。

京山县在抓网球的同时却不唯网球而独尊，强调既注重突出特色，更注重普遍需求。县网球中心在建设过程中，除建有 14 片网球场外，还配套建有体育馆、林中跑道、篮球场、儿童游艺场、老年健身区。我们既要把它建成全国县级一流的网球比赛、训练基地，也要把它打造成有影响力的全民健身中心。在活动组织上，充分考虑各类人群的特点，尽量吸引大多数人参加。县里一年一度的全民健身主题活动已形成传统，千人大会操、登山、环城长跑、万人健步行、体育健身表演等大型活动经常举行。县直单位、企业、学校体育活动频繁，经常参加体育活动的职工人数达半数以上，多数单位建有门球、网球、篮球、健身舞等基本队伍，通过全民健身月、全民健身活动展示、社区体育节、职工运动会，促进了全民健身运动的开展。

当然，京山县在实施群众体育政策、推动群众体育发展上取得了相当的成就，然后在政策的实施过程中也发现了一些现实的困难。首先就是经费短缺。经费可以说是群众体育的脊梁，要按照群众体育政策的要求稳步推进群众体育的发展，充足稳定的经费来源是不可或缺的。尽管，京山县将全民健身工作机构经费、人员经费、专项活动经费纳入财政预算，并对重大全民健身活动、全县性体育比赛安排专项经费，但是需要从财政预算中划拨的不仅仅是群众体育事业，还有地方经济、教育、文化、娱乐、休闲、旅游等事业都需要经费支持。群众体育事业发展的效益见效慢，自然也难以长期保证其优先投入，尤其是在县财政紧张时，这是不得不面对的事实。其次是群众体育发展的不均衡。京山县群众体育发展的不均衡主要表现在城乡的不平衡，网球运动可以很容易在县城建设场地、配备相应的设备，但是在农村却有着相当的困难，网球场地的养护就是一个很大的问题，这在相当程度上阻碍了群众体育政策预期效果的实现。最后，体育指导员队伍的建设还比较欠缺。任何体育运动都具有一定的危险性，如果练习不当，动作不到位，不但不能起到锻炼身体的效果，反而很可能会伤害身体。因此群众体育也应该有相应的专业的体育指导员，但是随着群众体育运动的普及，特别是像网球运动、篮球运动等都建立了众多的球队，而却一时难以找到合适的专业指导员。

2.3.2 以节令促进群众体育的发展：新乡市的案例分析

新乡市也是近年全国群众体育蓬勃发展的一个典型市区。该市的成功经验与群众体育政策执行中的问题与京山既有差异，也有一些共同之处。在寻找群众体育政策发展的着力点上，新乡市与京山有所不同。新乡市借助各种节令开展规模宏大的群众性体育活动，如国际老人节、青年节、新年、元宵节等，并长年利用重大节假日组织开展不同形式和规模的群众性体育活动。近年来，已经连续10年在每年的6月举办“全民健身周活动”，全市“五个百万健身人群”活动蓬勃开展，让全民健身日渐深入人心，成为全市群众的自觉行动。

当然，在贯彻群众体育政策，推进全民健身运动的过程中，新乡市也遇到许多现实的问题，主要表现在：①健身活动站点少、布局不均衡；②健身参与人员结构不合理，偏重中老年人；③活动站点用电配套不全、自行车等交通工具看护不到位；④社会体育指导员培训少，经费的可持续性投入明显不足等诸多方面。这些问题的出现，让新乡群众体育政策的执行呈现出非连续性的特征，极易让人误解为“面子工程”或“形象工程”。

2.3.3 两个案例的比较

在执行群众体育政策，推进群众体育发展的过程中，新乡与京山采取的都是寻找契机、以点带面的策略与方式。京山选择“网球”这一既具有现代性，又具有群众基础的体育运动作为推动器，以各种网球比赛、网球课程、网球俱乐会所等扩大群众体育的参与度；新乡选择“体育节日”作为群众体育的推进器，在体育节日中以节日庆祝的形式，开展大规模的群众体育活动，并将这种体育节日的庆典制度化、常态化，从而让全民健身潜移默化地深入市民群众的心里，逐渐转化为群众的自觉行动。可以说，“以点带面”是这两个地区执行群众体育政策，推进群众体育发展的共同策略；不同的是一个借助的是节令文化的力量，一个借助的某项具有群众基础的体育运动的力量。换言之，哪怕是“以点带面”式的群众体育政策执行策略，也要考虑地域差异，寻找多样化的具体实施措施。

这两个地区在群众体育政策执行中都取得了较好的成果，但是也暴露出群众体育政策执行中遭遇到难题与困境。首先，经费的短缺是最大的问题。随着群众体育运动面的铺开，经费的投入跟不上已成为制约群众体育进一步发展的关键。其次，在以点带面的过程中带来的群众体育资源分布不均衡，也有悖于《全民健身计划纲要》的根本宗旨。最后，由于社会体育指导员的短缺，不能给群众体育活动以专业有效的指导。从政策执行资源的角度分析，可以说我国群众体育政策的执行缺乏相应的经费资源、物质资源和人力资源的保障。

2.4　结论与启发

从《〈全民健身计划纲要〉实施情况调研问卷》的调查结果可以看出，《全民健身计划纲要》颁布实施以来，各类群众体育社会团体组织数量在不断增长，群众体育活动的内容和种类呈现多样化趋势，体育健身活动参加人数的规模在不断扩大，民众参与体育锻炼的意识得到了提升。但是调查也揭示了一些问题：一是体育活动经费严重不足，体育场馆设施建设还不完善，群众进行体育锻炼的基础服务设施得不到基本保证，这些不足在一定程度上影响了群众体育活动的可持续开展。二是场馆规划、建设在本级行政区域社会发展整体规划中相对滞后，体育、教育、文化等设施缺乏统一完整的规划。有些地区在社会发展过程中并没有考虑群众的体育锻炼需求，在社会发展过程中忽视了民众的体育锻炼权利，基础公共体育服务设施缺乏，制约了《全民健身计划纲要》的可持续实施。三是体育指导员队伍培训制度不完善，国民体质监测未能实现制度化、科学化。另外，由于相应的物质、资金及人力的配套缺乏，国民体质的监测机制没有全面开展，也未能形成制度化、科学化的监测，这会对监测国民体质的动态状况产生影响。

从“农村群众文化体育活动调查问卷”的调查结果可以看到，尽管农村居民的文化体育活动参与态度有了一定的提升，但是农村居民文化体育活动参与现状和文化体育设施建设现状却折射了《全民健身计划纲要》在农村地区实施中存在的一些问题：第一，农民充裕的闲暇时间为农村群众体育政策的执行提供了丰裕的时间资源，但是当前这种时间资源没有得到有效的利用。在闲暇时间里，农民的日常休闲主要以娱乐活动为主，参与体育活动不多。第二，电视可以成为农村群众体育政策宣传的良好通道，也可以成为农民参与体育活动的一种媒介，但是当前这条通道和媒介也没有得到有效的利用。农民常看的电视节目主要以娱乐性的电视剧和新闻类节目为主，体育类节目的关注程度则相对较低。第三，农村群众体育政策的执行未能考虑不同地方的文化差异。农民体育参与行为是一个复杂因素影响过程，因此农村群众体育政策执行的推进工作也是一项复杂的工程；在这些工程的推进过程中，尤为重要的是应考虑农民的体育价值观、体育知识、生活方式、健身氛围等因素。第四，我国农村文化体育场所（设施）覆盖面仍然较窄；在调查所及的村庄中，共 18 个村庄建有体育场地，占调查样本比例的 26.5%；有 14 个村庄分别设有文化活动室，占调查样本比例的 20.6%；共有 20 个村设有老年人活动中心，占样本比例的 29.4%。第五，农村地区文化体育场所（设施）的匮乏不仅表现为数量少，而且还表现为质量低（仅有 16.3% 的农户对于本村的体育场所、设施表示认可）、利用率低（在调查中农民选择

“体育场地和器材”的比重仅为样本的8.2%）。

概言之，无论是对群众体育政策执行主体的调查还是对政策对象的调查结果都显示出，我国当前群众体育政策——《全民健身计划纲要》的预期目标未能完全实现，而且执行过程中还存在着一些目标偏移的现象。这足以证明，在现实中，我国群众体育政策的执行确实存在着阻滞现象。接下来的问题就是要揭示在现实中是哪些因素阻滞了群众体育政策的执行以及这些因素之间的关系是怎样的，即我国群众体育政策执行的阻滞因素是怎样的？

第3章　我国群众体育政策执行阻滞的现实机制

在理论形态上，我国群众体育政策执行的阻滞机制在要素的构成上包括政策过程因素、政策执行因素、制度因素和文化因素。理论上的阻滞机制只是一种可能的模型，而现实如何却需要结合实证调查的数据予以检验。

3.1　政策过程因素对群众体育政策执行阻滞的现实影响

群众体育政策过程中的每一个环节或阶段间都是相辅相依、环环相扣，任一环节的偏差都可能导致其他环节出现问题。群众体育政策执行阻滞现象中的政策过程因素主要包括政策问题的认定、政策的制定、政策的评估这三个环节，是否阻滞或如何阻滞群众体育政策执行。

3.1.1　政策问题的认定对群众体育政策执行的现实影响

尽管《全民健身计划纲要》出台前该政策问题认定的具体过程与细节，已经难以全面了解，但是原国家体育总局政策法规司相关领导在《全民健身计划纲要》颁布10周年的回顾与展望专家论坛上提供了一些背景材料："1985年在西宁成立了中国体育发展战略研究会。原国家体育运动委员会提出有些问题必须要研究，需上升到一定理论高度，此次提出了奥运战略。1987年研讨会上，有的同志提出了'全民健身'，最后形成了一个口号'以青少年为重点的全民健身战略和以奥运会为最高层次的竞技体育战略的协调发展'，后来这个口号就代替了原来的战略，即'以革命化为灵魂，以社会化、科学化为两翼，实现体育腾飞'。1993年原国家体育运动委员会下发《关于深化体育改革的意见》提出了制定《全民健身计划》，有的领导同志认为不能没有竞技体育，所以就提出两个计划纲要，后来天津体育学院的老师很让我感动，他们不怕吃苦，在没有钱的情况下认真地干。今天我们很有必要纪念《全民健身计划纲要》，从概念的提出到推进战略再到制订和实施计划，通过领导、专家上上下下共同推进到目前这一步，使全民健身成为了世界关键词。"从这些材料中可以看到，全民健身这一政策问题的认定更多的是体育管理者、体育学者之间的博弈，而明显缺乏群众性利益的表达。也正是缺乏群众性利益的表达，所以导致了政策问题认定中的一个明显缺失，即忽视了城乡二元结构对群众体育政策执行的可能影响，而这一缺失的现实影响就是随着群众体育政策执行的推进，城乡之间群众体育的发展出现了明显的不均衡。这点可以从本次调查和其他相关的调查中得以验证。

在本研究的调查中，最为突出的就是体育场地建设上的城乡差距。调查数据显示，在城市社区中，2009 年 1 月至 2010 年年末，体育部门投资建设的室外场地 916 个，建设面积达 95. 27 万平方米，体育部门投资建设的室内场地 49 个，建设面积为 30. 43 万平方米；社会投资建设室外场地 144 个，建设面积为 33. 05 万平方米，社会投资建设室内场地 90 个，建设面积为 12. 36 万平方米。相应地，乡村的调查数据显示，在 68 个调研村庄中，建有宗庙的村庄数量最多，达到了 23 个，占比为村庄总数的 33. 8%。相比而言，具备现代气息的体育文化场所（设施）覆盖率则颇为匮乏。其中，共有 20 个村设有老年人活动中心，占比相对较高，达到 29. 4%；建有体育场地的村庄共有 18 个，比例为 26. 5%；有 14 个村庄分别设有文化活动室和阅报栏，占比均为村庄总数的 20. 6%。农村地区文化体育场所（设施）不仅数量较少，而且质量也不高。在针对体育场所（设施）的满意度调查中，只有 4. 2% 的农户对本村的体育场所（设施）表示非常满意，表示基本满意的农户比重也不高，仅为 12. 1%。也就是说，总计只有 16. 3% 的农户对于本村的体育场所（设施）给予认可。在受访农户中，评价体育设施建设状况一般的农户比重最高，接近有效样本总数的四成，达到 36. 9%；对村庄体育设施表示“不满意”和“很不满意”的农户比重也很高，占比分别为 28. 7% 和 18. 1%，即 46. 8% 的农户对目前村庄的体育场所（设施）建设持否定态度。

石振国和杨小明两位学者在湖北当阳市的调查则更为全面地展示了城乡群众体育发展的不均衡。在领导的重视程度上，当阳市城市群众体育在政策、资金、场地及组织等各方面的建设得到了一定程度的重视和保障，而农村群众体育发展的条件却相对薄弱。很多领导重视城市机关体育、职工体育和协会体育等群众体育的发展，而农村体育往往被遗忘、忽视或被边缘化。在民众的健身观念上，当阳市下辖农村由于长期受传统文化思想的影响，受生产方式和劳动强度的制约，加上教育、信息及交通等条件相对落后，村民的体育意识、健身观念淡漠，对体育的愿望、需求较低，甚至农村中还存在“劳动等于体育锻炼”，“无病即健康”的观念，与当阳城区倡导的“花钱买健康”“体育运动是生命健康的重要生活方式”等理念形成反差。在群众体育健身内容上，当阳市民体育锻炼的内容丰富、形式多样，不仅有简便易行的散步、登山、自由操和健身舞，还可以从事乒乓球、羽毛球、门球等项目，有些人甚至参与一些消费性项目，如网球、游泳等。而村民体育锻炼的内容形式单一，受场地器材和运动技能的制约，他们多数选择不需要场地器材的徒手练习和运动负荷不大的传统项目，如走路、跑步、武术和棋类活动等，且有相当数量的村民，在田间、庭院、树林中进行随意性的甩手、弯腰活动。从当阳市城乡居民体育健身内容的差距上看，市民中从事器材性体育项目的人数达72%以上，而农村仅为16%，农村依托文化活动站和学校的体育场地设施，组织开展像篮球和乒乓球等活动的乡镇不足10%。在群众体育消费的水平上，2009年，34.2%的市民购买过体育器材，25.5%的市民花钱参加过健身娱乐活动，29.7%的人买过体育彩票；同年，18.7%的村民购买过体育器材，29.1%的村民购买过体育服装和鞋帽用品，但大多数都是为子女购买，专门为自身体育健身而购买的人较少，只有2.8%的村民花钱参与健身活动，11.6%的村民在2009年购买过体育彩票。在场地设施方面，90%以上的场地设施分布在市区及学校中，近90%的村民是在非体育场地进行户外体育运动，而市民选择到体育场馆进行正规体育项目健身的人达41%。由此可见，城乡体育场馆资源分布差距明显，呈现出城市优势和农村劣势现象。

这些可以说都是由于对城乡二元结构影响估计不足所导致的群众体育政策执行偏差。当然，对于城乡二元结构影响的估计不足所导致的城乡群众体育发展不均衡亦可以作为新的政策问题，成为群众体育政策扩展中的起点。

3.1.2　政策的制定对体育政策执行的现实影响

从利益分析的角度来说，公共政策的制定过程也是一个与公众利益分配同步的动态过程。在这一过程中，各个相关利益群体各尽所能地通过相应的渠道参与政府决策，力争最大限度地把自己的利益诉求投入政策制定系统中，而不同利益群体为实现其利益的最大化相互进行博弈。在理想的状态下，公共政策的形成应是在不同相关利益群体利益诉求都获得充分表达的基础上，进行平等博弈，而后彼此平衡、妥协的结果。《体育文史》1995年第3期发表了国家体委群体司朱琼同志撰写的《全民健身计划出台的前前后后》。作者在这篇文章中，详细地介绍了《全民健身计划纲要》的制定程序（表3-1）。

表3-1　《全民健身计划纲要》的制定程序

序号	制定步骤	时间
1	国家体育运动委员会在1993年国家体育运动委员会工作会议上，提出制定全民健身计划	1933年4月

续表

序号	制定步骤	时间
2	国家体育运动委员会领导提出拟制全民健身计划的指导思想，由群众体育司具体负责组建起草班子，提出初步构想	1993 年 6 月
3	进行专家论证，征求意见	1993 年 8 月
4	《全民健身计划基本框架的初步构想》形成	1993 年 9 月
5	国家体育运动委员会听取情况汇报，做出指示	1993 年 12 月
6	拟出《全民健身计划纲要》（草稿）	1993 年 12 月
7	广泛征求意见，在全国 27 个省进行调查	1993 年年底至 1994 年年初
8	分别召开“研讨会”和“各界意见征求会”	1994 年 1 月
9	形成《全民健身纲要》（讨论稿）	1994 年年初
10	在全国体育运动委员会主任会上，重点进行讨论	1994 年 4 月
11	统一召开各部委联席会议，研究修改《全民健身计划纲要》	1995 年 3 月 9 日
12	形成《全民健身纲要》（送审稿）上报国务院	1995 年 3 月 30 日
13	国务院颁布《全民健身计划纲要》	1995 年 6 月

历时两年多的调查论证，十五易其稿的《全民健身计划纲要》才得以完成，过程可以如图 3-1 所示。有学者将《全民健身计划纲要》的政策制定程序命名为利益整合模式。

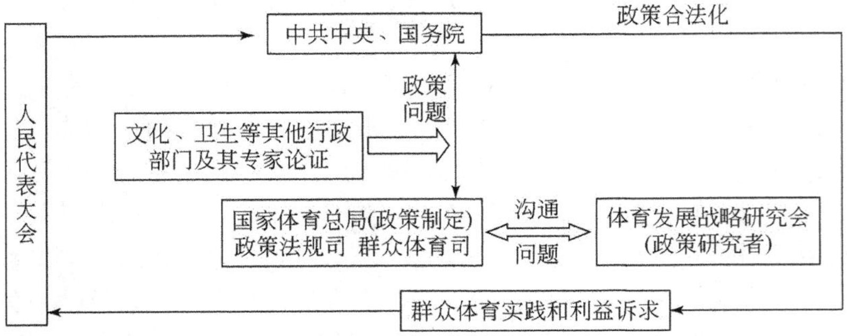

图 3-1　第四阶段群众体育政策制定的利益整合模式

从形式上看，《全民健身计划纲要》的制定过程重视了人民群众体育利益的需求与表达，但是群众体育的利益如何表达的则并未在这个过程中有详细的说明和体现。换言之，群众体育利益表达的渠道并没有在表和图中显示。或许，有学者会指出，1993 年年底到 1994 年年初的征求意见期间，就是给群众表达自己的体育利益诉求的。同样，从程序和形式上看，这是合理的、科学的和民主的。然而，如果分析当初的时代背景就会发现问题之所在。

在1993～1994年，征求意见稿更大的可能是出现在报纸、期刊上，甚至是专业性很强的报纸、期刊上。如果以这种形式征求意见往往会忽略掉很大一部分民众的意见，首当其冲的就是农民群众的意见，然后是城市贫民阶层的意见，因为这些群众群体或限于文化水平，或限于经济条件很少会读书看报，自然也就无法了解到《全民健身计划纲要》草案的内容，更无从表达自己的意见。而且即便是有较高水平和经济条件比较宽裕的社会阶层，对《全民健身计划纲要》草案的内容有意见又该如何表达呢？等待层层上报显然是不现实的，但是又没有现在这样的互联网络空间可以直抒胸臆，并且直接传达到政策决策层面。从这一现实条件分析，群众体育政策制定过程中显然存在着一些历史条件限制下的缺失。当然这一缺失也在当前的政策执行中显露了问题，即弱势群体的体育权益保障（如农民工、流动人口等）成为了群众体育政策执行中的非预期结果。

3.1.3　政策的评估对体育政策执行的现实影响

同样，如前文所述，政策评估可以直接影响政策的执行状况。它是制定新政策的必要前提，是合理配置政策资源的基础，是调控政策执行过程的有力工具，并具有激励、督促之功效。然而，本次调查发现，当前群众体育政策的评估还存在着诸多的问题，这些问题都影响了群众体育政策执行的效果。

当前群众体育政策评估中的一个首要问题就是，当前的评估是一种显示政绩式的评估，而不是发现问题式的评估。每一次评估的目的就是为了考评政绩、显示政绩，为了表彰、评优等，而不是为了发现政策执行中存在着哪些问题以及提供策略建议去解决这些问题。

与第一个问题相伴随的当前群众体育政策评估中的第二个问题是评估过后只有大锣大鼓的表彰和嘉许，却缺乏让人心存敬畏的惩戒。没有了惩戒，那么做与不做、做好做坏也就没有了区别。

当前群众体育政策评估中的第三个问题是评估主体和执行主体基本上没有区分，政策执行的主体既是运动员也是裁判员。这点通过我国《全民健身计划纲要》的执行模式可以看到（图3-2）。如图3-2所示，几乎所有的政府和非政府部门都是群众体育政策的执行主体。而我国的政策执行评估又都是以政府评估为主，也就是政府执行政策，政府又评估政策的执行效果。

当前群众体育政策评估中的第四个问题是没有评估的标准或标准体系。至今，该如何去评估群众体育工作的成效仍是一个老大难问题。没有科学合理的评

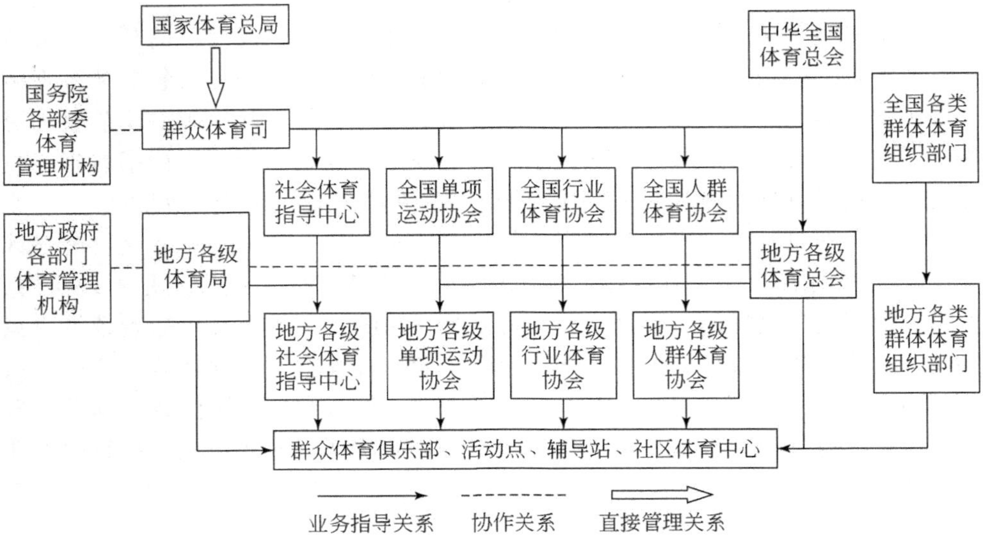

图 3-2　群众体育政策执行模式

估标准体系也就难以为政策的执行提供科学准确的反馈，政策执行的走样也就势所必然。

尽管，自《全民健身计划纲要》颁布以来，为了更好地贯彻《全民健身计划纲要》的内容，我国政府先后制定出台了一批符合我国全民健身发展规律的政策法规，如《社会体育指导员等级制度》《中国成年人体质测定标准》《关于深化改革，加快县级体育事业发展的意见》《全国全民健身先进奖、进步奖评定表彰办法》《全国体育先进社区评定办法》等法规性文件。但是，群众体育政策执行评估的主体、标准体系和奖惩措施等仍然不清晰。于是，群众体育政策执行的结果往往是“做与不做不一样，但是做多做少一个样，做好做坏一个样”。

3.2　政策执行因素对群众体育政策执行阻滞的现实影响

体育政策的执行是体育政策执行者按照一定的政策方案，运用各种政策资源，在一定时期内为实现政策目标，把体育政策所规定的内容转化为有效现实成果的双向互动过程。从系统论的观点看，体育政策执行是由执行主体、政策文本、政策的相对人（即政策所规范的对象）和政策资源等要素构成的系统整体，系统中各要素间存在着相互依赖、相互制约的关系，任一要素功能的发挥都有赖于其他要素与之适应和配合，任一要素的不合理、不协调都会引起矛盾，进而产生梗阻效应。

3.2.1　政策执行主体对群众体育政策执行的现实影响

全民健身是一项系统工程，因而《全民健身计划纲要》的执行主体应该是中央和地方各级政府的整体，而不仅仅是体育行政部门、体育社会团体等。政策执行主体的利益偏好对于政策执行过程却有着更为深远的影响，这一结论同样适用于《全民健身计划纲要》的执行。任何政策执行都是通过政策执行者的实施行为和政策目标群体的遵从行为来完成的，而行为的根本动因是利益，"人们奋斗所争取的一切，都和他们的利益有关"（中共中央马克思恩格斯列宁斯大林著作编译局，1995）。利益在推动或抑制行为中扮演着极为重要的角色，利益追求是政策执行主体行为的内在驱动力，正是利益推动着人们去执行政策或违反政策。期待政策执行者在执行政策的过程中始终保持绝对的"价值中立"实际上是难以做到的。只有让各级地方政府能够感觉到《全民健身计划纲要》的实施效果与自身的利益是紧密相连的，才能确保他们有贯彻《全民健身计划纲要》的积极性与动力。

当前，在政策执行主体维度上导致《全民健身计划纲要》实施出现阻滞现象的因素主要表现在两个方面（杨青松和罗建河，2008）：

第一个方面是窄化了政策执行的主体，即各级政府在贯彻《全民健身计划纲要》时将该政策的执行主体仅仅限定为体育行政部门或教体部门，导致政策执行过程中出现权责分配的不对称。窄化的政策执行主体往往会缺乏足够的权力以调动相应的政策资源保障政策的实施。全民健身计划的实施需要大量的人力与物力投入，这些投入往往需要在整个政府层面进行规划，单一的体育行政部门不太可能具有这样的决策权力，结果很可能是全民健身政策由于缺乏有效的资源投入而搁浅。在这种情况下，政策执行不力的责任追究亦会成为难题，因为政策执行主体定位为体育行政部门，政府自然不必承担责任；追究体育行政部门的责任似乎又于情理不合，因为体育行政部门实在是巧妇难为无米之炊。总之，窄化的政策执行主体必然会影响《全民健身计划纲要》的执行效果。

第二个方面是《全民健身计划纲要》的执行效果与政策执行主体（各级政府）的切身利益联系不够紧密，导致政策执行主体缺乏实施政策的动力与积极性。从部门利益追求需要看，群众体育是一项吃力不讨好的事情，与竞技体育投资相比，群众体育投资的社会效益在短期内很难被人们直接观察到，体现不出政府的绩效与作为。竞技体育则不然，可以直接体现政府部门的政绩，如我国四年一届的全国运动会，虽然没有国际大赛庆典礼仪，但全国的各种新闻媒体每天公布的各省、市体育代表团的金牌、奖牌和总分的排序也关系到地方声誉和政府部门的“颜面”和“政绩”。地方政府部门为了取得更多的奖牌不惜重金投入，金牌体育战略下的部门利益追求导致金牌数量与公众体质不能同步增长，甚至出现二者的反向运动。正是因为全民健身的效果在短期内难以观测，于是各级政府也没有将《全民健身计划纲要》的实施效果纳入各级政策执行主体的工作考核内容之列，这让各级政策执行主体进一步感觉到《全民健身计划纲要》实施成效的好坏与己没有多大利害关系，这样谁还愿意做这项吃力不讨好的工作呢?

3.2.2 政策文本特性对体育政策执行的现实影响

《全民健身计划纲要》作为一部有代表性的群众体育政策文本，总体上表现出了良好的品质，政策内容明晰、具有较强的可操作性与现实性。然而，值得注意的是，《全民健身计划纲要》属于纲领性的文件必然具有较高的抽象性，这需要各地方政府依据地方特色，在《全民健身计划纲要》的指导下制定更为具体的全民健身计划。这是保障《全民健身计划纲要》更为有效地实施的一项必要工作。这里，以湖南省农村实施《全民健身计划纲要》意见为例，进行群众体育政策文本的分析。

首先，该文件在网上呈现时出现了多处文字错误，这些文字错误很可能是录入网上时的输入错误，但是在政府网站上出现这样的错误也证明其对待该政策文本的态度。

其次，政策文本中仍然不乏含糊其辞、过于笼统抽象、不痛不痒的地方。例如，有的文本指出：各级政府要有人分管农村体育，把发展农村体育纳入双文明建设整体计划，做到有布置、有检查、有总结、有表彰，重视对农村体育和农民健身工作的调查研究，总结推广先进经验，及时解决存在的问题。随着本地经济发展，逐年增加体育事业经费。各级农口部门和体育主管部门要为在农村贯彻、落实《全民健身计划纲要》尽职尽责做好工作。如果各级政府没有人分管农村体育、没有把发展农村体育纳入双文明建设整体计划，不重视对农村体育和农民健身工作的调查研究，会是怎样的呢?很可能是也不会怎么样，从而导致政策执行落空。

当然，该政策文本也有值得推广的地方，即注意到了突出的地方特色。例如，文本中指出：农历五月初五是我省传统的农民体育节，要组织以龙舟为主体的多种形式的体育竞赛活动。要利用新年、三月三、四月八、中秋、九九重阳等传统节日和赶集等集会活动，组织生动活泼的农民体育竞赛，每年形成几次体育热潮，使体育竞赛在当地逐步制度化，做到小型多样、富有趣味，方便群众参加。但是，如何组织、谁组织、经费如何保障等可操作性的内容却缺失了。

3.2.3　政策相对人对体育政策执行的现实影响

《全民健身计划纲要》的政策相对人是全体人民，不分性别、种族、年龄、社会地位等。从政策相对人的维度分析，首先，当前我国底层社会民众已经成为《全民健身计划纲要》实施的瓶颈。当前，我国底层社会民众主要包括如下几种：①相对贫困的农村居民。据相关数据显示，我国农村人口中尚有3000多万没有解决温饱问题的贫困人口。在温饱问题都未能解决的前提下，希望他们去参加体育活动，这基本上是不可能的。②进城务工的农民工。农民工是农村剩余劳动力向城市转移的一种结果，是我国特有的一种社会劳动群体，具有较强的流动性和分散性。但是其数量规模却越来越大。截至目前，农民工的数量已达数亿人的规模。这一特殊人群的流动性和分散性导致其体育问题实际上呈现为一种无人管理状态，游离于街道社区体育、生活小区体育、单位体育之外，从而形成社会体育的盲点。③城市中的下岗失业者。在计划经济向市场经济转轨的过程中，众多国有企业经历了一次全面的改制；在打破铁饭碗的同时，留下了很多下岗失业的员工。在我国社会保障体系尚未完全建立的情况下，这一新的贫困群体每天都在为生计而发愁，体育锻炼基本上属于一种奢侈的想法。

其次，政策对象或相对人在群众体育政策执行中的利益表达也影响着群众体育政策的执行。在我国，由于社会民众长期受到传统文化的消极影响，导致利益表达的动力不足，公民权利利益意识淡薄。大部分社会公众在面对各种公共利益时会选择等待和观望，“搭便车、随大流”的思想非常严重，缺乏主动寻求表达自身利益途径的精神，对公共利益关注很少。与此同时，政府权力部门在“无讼”文化的影响下，对民众利益表达的行动表现得过于敏感，往往会给聚集表达利益诉求的行为扣上“闹事”的帽子，将积极表达利益诉求的民众斥之为“刁民”，甚至会用强制性的手段予以打击。这也是导致我国公平利益表达动力不足、公民权益意识不强的重要原因。在群众体育政策中，除了上述这些文化传统的影响之外，还有着传统体育价值观的影响。对于很多中国民众而言，认为自己每天都在劳动，就是在锻炼身体了，没有必要专门地进行体育运动；在他们的眼里体育是一项可有可无、甚至与己无关的事物，所以他们对自身体育利益的关注就更少了。另外，我国对政府群众体育政策相关责任约束和行政伦理制度法规还不到位，也成为政府对居民体育利益表达缺乏及时有效的回应。居民的体育利益表达在群众体育政策中得不到有效的回应，使居民感受不到自己的体育利益诉求对群众体育政策的影响，这也进一步导致居民对体育利益表达失去了参与的兴趣。

3.2.4 政策资源对群众体育政策执行的现实影响

我国人口众多，地域广阔，这决定了全民健身是一项艰巨的工程，需要大量的人力、物力、财力以及配套的制度等政策资源的投入。除了政府的推动之外，政策对象的积极参与与资源投入也是群众体育政策执行的重要条件。群众参与体育锻炼的一个基本前提就是他们能够有时间去锻炼身体。

通过本次调查发现，村民们有着充裕时间资源，这为农村群众体育政策的执行提供了前提条件。群众体育政策（特别是全民健身计划）与其他政策不同，它的执行成效需要通过政策对象的活动（体育锻炼）得以展现。那么，政策对象是否有时间参与体育锻炼也就是群众体育政策能否执行或执行效果如何的关键影响因素之一；换言之，群众体育政策的执行需要较为充裕的时间资源。本次调查数据显示农民平时的闲暇时间还是较为充裕的，80%的农户每天的平均闲暇时间在2小时以上，充裕的闲暇时间可以说是群众体育政策执行的优厚时间资源。从某种意义上说，充裕的闲暇时间正是农村群众体育政策资源优于城镇群众体育政策资源的地方；对于生活节奏日趋加快的现代都市人而言，每天几乎没有什么闲暇时间：随着城区的扩大，上班的距离变远，即便是朝九晚五的上班时间，早上也需要在五六点就起床（因为上班路上很可能需要花费一两个小时），而五点下班后到家的时间估计也到了晚上七八点（如果下班高峰堵车严重则会更晚），做饭、洗澡之后也就马上睡觉了，不然第二天会因缺少睡眠而难以应付工作。这样算来，每天几乎没有额外的时间特意留给体育锻炼。乡村生活则不然，节奏不快，不需要在上下班的路上消耗掉大量宝贵的时间，只要认识到位，完全有足够的时间从事足够的体育锻炼。当然，需要指出的是，农民的闲暇时间具有非常明显的季节性特征。例如，在冬季等农闲时段，农民几乎不需要参与农业生产活动，闲暇时间尤其充裕，而在南方夏季的“双抢”时期，农民的闲暇时间几乎没有。因此，在农村执行群众体育政策、充分利用村民的时间资源时，必须考虑农民群体闲暇时间的季节性特征，组织开展体育文化活动时尽量安排在农闲时间，这样才有可能提高农民参与体育活动的积极性，群众体育政策的执行才能取得较好的效果。

尽管农民的闲暇时间较多，但是调查指出他们的日常休闲主要以娱乐活动为主，文化体育活动并不多。统计显示，高达37.1%的农户在闲暇时间里主要的休闲方式是打牌（麻将），33.3%的农户选择看电视，是仅次于打牌（麻将）的第二大休闲活动。相比以上两类休闲方式而言，农户参与其他休闲活动的比重较低，均未超过总有效样本的一成。在所有休闲方式中，农民选择打球等体育活动的比重最少，只占到总有效样本的2.3%。总体上看，农民在选择休闲方式时，更加倾向于选择打牌（麻将）、看电视等娱乐性更强的闲暇活动，选择体育活动的积极性最低。可见，农村群众体育政策执行的时间资源并未得到有效的利用，这也是导致农村群众体育政策执行预期未能充分实现的一个重要原因。

大众传媒也是群众体育政策执行所必备的资源。在政策制定和政策问题的认定过程中，限于大众传媒的历史局限，群众性的体育利益未能充分表达。在这里，大众传媒的作用主要表现在对政策的宣传、增加政策对象对政策的理解和认同上。特别是在农村群众体育政策的执行中如何有效利用大众传媒资源是至关重要的。当前，电视可以说是推进农村群众体育政策执行的有效传媒渠道。电视是在农村覆盖面最广、普及率最高的大众传媒；而看电视也是当下农村中最为普遍的休闲方式之一。调查中发现，近33.3%的农户优先选择电视作为闲暇时间的休闲娱乐的方式。电视是农民了解社会的主要渠道，电视也可以成为农民了解和参与文化体育活动的一条重要途径。群众体育政策的执行效果如何在相当程度上依赖于政策对象（群众）对于体育政策的理解程度，包括对于体育锻炼的价值的认识、对于政府相关举措的理解、对于政策相关要求的认同等。要让政策对象更好地理解政策内容，政策宣传必不可少；要达到较好的政策宣传效果，那么宣传渠道的选择至关重要。对于农村居民而言，即便是连篇累牍地在网上或报纸上大肆宣传群众体育政策的内容、价值以及政府的良苦用心，最终只能徒劳无功。因为，在农村，且不谈互联网是否已经进驻，哪怕是互联网能够完全覆盖所有的农村，对于农民而言，也不会去花一年好几百的闲钱牵通网线，因为上网对他们而言毫无用处；至于报纸，目前乡村邮政所都难见踪迹，订报纸的农户更是寥若晨星，在报纸上做的宣传也只有极少数农民可以看到。电视则不然，几乎每家都有，几乎人人都看，而且都能看得懂，哪怕看不懂报纸的文盲也能轻而易举地知道电视里在说些什么。因此，如果对电视利用得当，通过电视节目灵活多样地宣传群众体育政策的意义、内容与价值，必将有助于加深农村居民对于群众体育政策的理解，从而为农村群众体育政策的执行提供良好的社会支持。

然而，现实情况是电视这一农村群众体育政策宣传的良好渠道也未能得到有效的利用。调查数据显示，农民常看的电视节目主要以娱乐性的电视剧和新闻类节目为主，文化体育类节目的关注程度相对较低。在农民常看的电视节目中，新闻类节目占的比例最高，达到52.8%；其次是电视剧达到52.6%；选择体育节目仅占12.4%。通过这些数据可以发现，当前农民看电视主要基于两个方面的需求，一方面，农民希望借助电视媒介获得更多的外部信息，了解国家和地方的政策动向；另一方面，农民将看电视作为休闲放松的重要方式，倾向于选择娱乐性、情节性更强的电视节目。从第一方面的需求看，通过电视宣传群众体育政策应该是符合农村居民的需求的；从第二方面的需求看，如果将农民观看体育节目也作为他们参与体育活动的一种形式、作为群众体育政策要实现的目标之一，改变“2008年奥运会实况转播”都无人问津的状况，我们还有很多工作要做。

农村居民之所以不太关注和参与体育节目，很大一部分原因是看不懂。现代体育特别是竞技体育都有着相对复杂的活动规则，如果不了解这些规则，也就不明白这些体育活动的意义与趣味。本次调查过程中的访谈和田野观察表明，农村居民对于现代体育活动的各项规则不甚了解，所以看到这些体育节目的时候也就索然无味了。如，笔者看足球时，旁边的村民会说：“这个有么事好看的哦，几十个围着个球跑，你踢一脚，他踢一脚；说是要踢进那个网子里，结果搞两三个小时，还不是搞不进去一个，零比零，看也不看了”；笔者看体操时，他们会说：“这是不是比翻跟斗哦，翻得多的赢是吧？这有么事好看的，还不如跳绳的”；对乒乓球的兴趣似乎较大一点（考虑到“国球”的政治意义，这点也是可以理解的），但是也只是对胜负感兴趣，只要知道中国队赢了就行了。因此，如何引导村民关注和参与体育节目，普及现代竞技体育的基本知识是必不可少。但是有一类体育节目却颇受村民的关注，即各地方电视台组织的带有一定娱乐性质的，闯关夺宝式的“全民运动会”。因此，为了吸引村民对体育节目的关注，我们还应该尽可能地增强体育节目的趣味性。总之，电视这一传媒资源未能得到有效利用的原因一方面是农民对于现代体育运动的知识缺乏，另一方面是体育电视节目的趣味性不高、现代体育运动离农民的日常生活较远、体育电视节目中缺少来自于农村的草根体育节目等。

体育设施资源缺乏是影响群众体育政策有效执行的重要现实因素。在农村，体育设施覆盖面过窄是影响群众体育政策执行的客观因素。村落的体育场地设施是开展农村体育活动的基本物质条件，是农村群众体育政策执行所必需的物质资源。在调查所及的村庄中，共18个村庄建有体育场地，占调查样本比例的26.5%；有14个村庄分别设有文化活动室，占调查样本比例的20.6%；共有20个村设有老年人活动中心，占样本比例的29.4%，足见我国农村文化体育场所（设施）覆盖面仍然较窄。这一结论与管延伟等人在山东省的调查结果是一致的：要满足农村开展体育活动的基本物质条件仍任重道远。农村体育场所（设施）的匮乏仍然是造成农村群众体育政策执行阻滞的一个重要的客观因素。对于农村群众体育政策的对象主体——村民而言，即便是想要参与具有现代性的各项体育活动，提高身体素质，如果没有相应体育场所和设施的供给，每个人也是难以得到充分的锻炼的；对于农村群众体育政策的执行主体而言，无论是做出多大的宣传与引导努力，即便是村民已经认识到体育锻炼不同于日常的劳作，已经激发起参与体育锻炼的积极性，而且也做好了坚持锻炼的意志准备，但是行动时却发现想打篮球没有球场，想打乒乓球没有乒乓球台，想跳跳体育舞蹈没有场所，结果只能导致政策执行主体的前期工作付诸东流。也正是如此，所以关于体育活动不能开展的原因，调查对象的回答中排在第一位的是“有时间，没有活动场地设施”，这直接证明缺少场地设施仍是制约农村开展体育活动的关键因素。另外，既有的农村文化体育设施利用率低也影响了农村群众体育政策的有效执行。农村地区文化体育场所（设施）的匮乏不仅表现为数量少，而且还表现为质量低。调查数据显示，在针对体育场所（设施）的满意度调查中，只有4.2%的农户对本村的体育场所（设施）表示非常满意，表示基本满意的农户仅为12.1%，即总共只有16.3%的农户（“非常满意”“基本满意”）对于本村的体育场所（设施）表示认可。在受访农户中，评价体育设施建设状况一般的农户比重最高，达到样本总数的36.9%；对村庄体育设施表示“不满意”和“很不满意”的农户比重则分别为28.7%和18.1%，即46.8%的农户对目前村庄的体育场所（设施）建设并不认可。村民对体育场所（设施）建设并不认可，也直接地影响到了农村体育场所（设施）的利用率。在调查问及“您平时主要的休闲场所（设施）有哪些”时，农民选择“体育场地和器材”的比重仅为样本的8.2%；选择去老人活动室、文化活动室也只占有效样本的13.0%和12.0%。足见，当前农村文化体育（场所）设施的利用率是较低的。这一结果与管延伟等人的调查结果同样是一致的。管延伟在山东省的调查指出：场地设施“偶尔利用”和“几乎不用”的占60.5%，利用率非常低，几乎一半的场地设施没发挥功能或只建不用；场地设施“基本无人维护”和“已荒废”的占55.1%，一半多的场地设施基本无人维护和已荒废，建设的场地设施没发挥其应有的作用，没体现它的使用价值。在调查“体育活动不能开展的原因”时，排在第一位的是“有时间，没有活动场地设施”；而紧随其后，排在第二位的是“有时间，有场地，但活动没实际意义”，成为不愿或不能进行体育活动的第二大原因。有了场地设施，又觉得该场地设施不能满足自己的需要甚至反感，这种状况表明对农村体育场所和设施认可度不高导致的低利用率可以说是导致农村群众体育政策执行阻滞的主观因素。访谈中发现，村民对体育场所（设施）建设不认可原因主要包括：①所建非所需。当前我国很多农村地方的体育场所和设施的建设没有考虑到城乡体育文化和体育偏好的差异，往往是单纯地追求城乡统一化，结果导致很多具有城市体育文化导向的现代体育场所和设施并不符合村民的需要，如所谓的多功能大型体育馆对于农村居民而言，是完全不需要的，还不如一个露天的平坦的大水泥场，同样也不是所有的村落都需要篮球馆或网球场，相反，需要的乒乓球台、台球室却被忽视了。②布局不合理。有些体育场所和设施安置在离村庄较远的地方，往往需要村民走上二三十分钟的路才能到达，这让“怕麻烦”的村民们宁愿放弃使用这些体育设施和场所。正如访谈中的一名村民所说："搞个锻炼还跑那么远，我走去走回也是锻炼了，还玩那些铁家伙干嘛。"③使用方法不明了。某些现代体育设施的使用往往需要专门的指导，然而调查中发现，很多体育设施安装好之后，并没有专门的人负责讲解设施的使用以及注意事项，对新生陌生事物的恐惧，害怕在使用时发生不可预料的危险，从而也就没有多少人愿意做"第一个吃螃蟹的人"了。

城市社区的调查指出，在实施《全民健身计划纲要》过程中，体育场地设施方面主要存在以下问题：一是现有的体育场馆设施较少，体育活动场地不足，人均体育场地占有面积较小，制约了群众体育活动的开展；二是现有的体育场馆开放时间较短，很多公共体育场馆设施没有全部向民众开放或开放时间较短，影响了群众参与体育活动的热情；三是缺乏体育场馆维修资金，对已损坏的体育场馆设施维修不及时，制约了民众体育活动的参与；四是政府部门对体育场馆建设的投入较少，而体育器材设施价格偏高，现有的投入已经不能满足人民群众日益增长的体育文化活动需求。

人力资源的不足阻滞着群众体育政策的执行。人力资源的不足主要体现在体育社会团体组织中的体育专职人员太少。根据本次研究的问卷调查所示，所调查地区目前共有各类体育社会团体组织 129 个，其中主要体育社会团体组织有体育健身俱乐部、篮球协会、乒乓球协会、太极拳协会、老年人体育协会、网球协会、武术协会、游泳协会、自行车协会等。其中数量最多的体育社会团体组织是游泳协会，共有 27 个游泳协会，占整个体育社会团体组织的 20.9%；其次是太极拳协会和老年人体育协会，这两种类型的体育社会团体组织分别有 26 个，占体育社会团体组织的 40.4%。此外，网球也是人们比较喜爱的体育运动，共有 21 个网球协会，占所调查的体育社会团体组织的 16.3%。体育健身俱乐部（1.6%）、篮球协会（6.2%）、乒乓球协会（3.9%）、自行车协会（4.7%）、武术协会（3.9%）所占的比例很小；而羽毛球、足球、台球等协会所占比例更是微弱，仅为 0.7%。而且在所调查的体育社会团体组织中，只有 20.9% 的体育社会团体组织有自己的专职工作人员，只有 16.3% 的体育社会团体组织有固定的办公地点。相关学者在河南、湖北、陕西等省的调查中也指出，目前缺乏负责全民健身工作的专职人员是影响《全民健身计划纲要》实施效果的一个重要因素。

经费短缺是群众体育政策执行的瓶颈。活动经费的支持是丰富体育健身活动种类，举办一定规模体育健身活动，提高民众参与热情的重要条件，同时也是实施《全民健身计划纲要》项目的重要支持条件之一。从本次调查中我们可以看到，在 2010 年度开展的体育活动中，只有 15 个体育社会团体组织举办的健身活动取得过 5 万元以上的活动经费支持。在这 15 个体育社会团体组织中，占

46.6%的体育社会团体组织只取得过一次5万元以上的活动经费支持，有20%的社会团体组织取得过5次五万元以上的活动经费支持，此外还有13.3%的体育社会团体组织取得过4次五万元以上的经费支持。总的情况看来，支持体育社会团体组织开展体育健身活动的项目经费相对较少，支持的范围相对较狭窄。经费投入也是建设公共基础体育设施，保障民众享有公共基础体育服务的重要保证，是一个地区对民众体育健身的重视程度的衡量指标，也是地方政府实施《全民健身计划纲要》，增强民众体育锻炼热情，提高民众身体素质的重要保证。群众体育经费的投入分为财政拨款和社会资金投入两个方面。通过前文展示的本次调查数据可以看到，2008年至2010年财政部门对群众体育部门的拨款经费分别为85万元、164万元、114万元；2008年至2010年社会资金在群众体育方面的投入分别为81万元、110.6万元、127万元。从财政部门和社会资金的总投入方面可以看出，财政部门和社会资金在群众体育方面的投入总的来说呈增加趋势，特别是近三年社会资金在群众体育方面的投入稳步增长。另外，2008～2010年财政部门拨款中人均体育社会活动经费也有所增长。但从表中我们仍然可以发现，在众多体育社会团体组织中，获得财政部门拨款或社会资金投入的组织很少，每年只有4～5个体育社会团体组织获得财政部的拨款或社会资金的投入，而且获得资金资助的体育社会团体组织集中在经济发展比较好的区县，大部分体育社会团体组织没有得到相应的经费支持，这对全面实施《全民健身计划纲要》，全面开展群众体育健身活动，提高群众身体素质造成了不利的影响。

3.3　制度因素对群众体育政策执行阻滞的现实影响

其实，我国农村文化体育设施（场所）的匮乏是多重因素影响的结果。首先是体育管理机制的不健全导致我国农村体育场地设施缺乏。一方面，我国现行的体育管理体制仍然是一种高度集权的行政管理模式，政府在体育机构中集中了全部的管理权力。在这种管理体制下，要求官员更多的是对上负责，在体育事业的管理过程中政府官员会优先选择能尽快显示政绩的领域，政绩不明显、吃力不讨好的领域（农村群众体育正是这样一个政绩不易显现的领域）则尽可能地交由市场去完成。可惜的是，市场上的“经济人”依循“利润最大化”的原则，自然不会主动地去承担这份责任，其结果只能造成城市与农村、农村与农村之间的体育设施资源分配不均，强者更强，弱者更弱的“马太效应”。另一方面，良好群众体育活动的管理是体育活动有序顺利开展的保证。根据调查显示，目前群众体育健身活动管理方式中，主要由当地的体育协会和锻炼场所的管理者进行管理。其中有90.5%的调查单位开展的群众体育健身活动都是由体育协会管理，有76.2%的调查单位开展的群众体育健身活动由锻炼场所管理者管理。很多村镇基本上没有管理和组织文化体育活动的专职干部，文化体育部门机构形同虚设，更不用说加强管理，提高管理水平了。正是从上到下体育管理体制的不顺畅、不健全，“政府缺位”与“政府越位”并存，导致了农村体育设施资源匮乏与分配不均同时存在，从而影响了农村群众体育政策整体实施效果。

其次是不合理的体育财政政策导致我国农村体育场地设施缺乏。作为群众体育的一部分，农村体育也是一项公益事业，现阶段其资金来源主要依靠政府财政拨款。《农村体育工作暂行规定》（体群字〔2002〕53号）第十二条规定：农村体育事业经费和体育基本建设资金应当列入县级财政预算和基本建设投资计划，并随经济发展，逐步增加对体育事业的投入。也就是说农村体育投资是以县为主，这对财政实力较强的县、乡（镇）发展体育事业是有力的推动与促进。但是目前，我国大多数县级财政是“吃饭财政”，能够勉强维持已属不易，根本不可能有多余的财力去投资办体育。由此可见，以县为主的农村体育财政政策并不能提供农村体育发展所需要的资金，也难以支撑高覆盖率的农村体育场所和设施的建设，从而也阻碍着农村群众体育政策的执行。

最后是群众体育和竞技体育之间地位的失衡影响了农村体育场地设施的筹建。长期以来我国重视竞技体育，忽视群众体育，使竞技体育在我国体育事业中占有强势地位，群众体育处于弱势地位，农村群众体育则更是弱势中的弱势。在资源有限的条件下为了尽快实现体育强国的梦想，优先投资发展竞技体育，暂行搁置群众体育是必然之选。此外，我国体育政策的主要决策者和重要影响人物一般都有过竞技体育的经历，是竞技体育的直接受益者，他们对成就自己金牌梦想的竞技体育怀有深厚的感情，与竞技体育保持着密切的联系，在涉及重大体育决策时自然会支持竞技体育。相反，群众体育利益分散，受益主体众多，在体育决策中处于弱势地位，除了中央政府的支持外少有组织和群体为群众体育代言，至于弱中之弱的农村体育则更是找不到自己的代言人。农村群众的体育利益也就难以在政策层面得到体现了。可以说，正是因为农村体育和竞技体育的不同地位，导致体育设施资源在竞技体育和群众体育之间分配的不公平，从而造成了农村体育设施资源的短缺，限制了农村群众体育政策效力的实现。

体育管理机制的不健全、不合理的体育财政政策和群众体育和竞技体育之间地位的失衡等因素都可归结为制度因素对我国群众体育政策执行阻滞的现实影响。

3.4　文化因素对群众体育政策执行阻滞的现实影响

从文化的角度分析群众体育政策执行的阻滞现象就是分析文化中的价值观念、行为方式、语言符号和知识系统等对群众体育政策执行的影响。特别是在农村，农民体育参与行为是一个复杂因素影响过程，因此农村群众体育政策执行的推进工作也是一项复杂的工程；在这些工程的推进过程中，尤为重要的是要考虑到农民的体育价值观、体育知识、生活方式、健身氛围等因素。

首先，民众的体育价值观会影响到他们参与体育锻炼、利用体育资源的行为与效率。正如前文指出的，充裕的时间资源本是农村群众体育政策执行的有利条件，也是其相对优势，然而正是农村居民的体育价值观影响到这一优势资源的利用效率。例如，孙季成等（2006）的调查指出，在回答“今后是否打算参加体育活动”的问题时，回答“是”的人仅占19.78%，回答“否”的与处于犹豫状态而“还不能做决定”的人的比例高达74.45%；在对“体育有益健康”问题的回答中，在特定的农民群体中回答“必需”的人数比例仅为35.16%，回答在“一般”与“无所谓”两个选项分别占46.43%和18.13%，表明农民群众对“体育锻炼有益健康”的主观认识明显不足。

其次，从行为动力学分析，健身氛围也是影响民众参与文化体育活动积极性的一个重要因素。行为科学的理论指出，群体一致性是群体动力的来源，而一致性是由群体内部成员共同目标、观点和共同兴趣、爱好构成的。群体一致性构成的无形的规范和压力会迫使边缘人重新调整自己的行为，以便与其他人保持一致。对于农村居民而言，也许农民体育组织的一致性特性能够起到带动居民参与体育运动的功效。但相关调查显示，除半数左右的乡镇有初级体育组织外，广大乡村还很少见到群众体育管理组织。在访谈中，我们发现农村居民不参与体育锻炼的一个原因就是怕人家笑话，“俺们乡下人哪能像城里人那样跳舞哦，丑都丑死了”“在乡里，一个人做广播操、打太极拳，怎么感觉都不自在”。这些话语的出现都与健身氛围的缺乏相关，解决农民思想中的怕人家笑话的问题实际上也就是一个健身氛围营造的问题，如果大家都这样了，还有谁会笑话谁呢。只要能够形成特定的健身群体和营造一定的健身氛围，周围的农民就会主动参与进来，从而带动农民参与体育活动。

再次，居民的生活也会影响到群众体育政策的执行绩效。在我国，尽管城镇化的发展、工业经济与知识经济的崛起大大地推进了中国的现代化进程，但这种快节奏、高效率、知识覆盖式的现代生活并没有给广大农村社会的根基和生活方式带来根本性的冲击和变革，中国式的农村生活方式仍然以一种农业文明特有的稳定结构从容地持续存在着。社会的变革似乎并未对我国绝大部分农村居民的生活传统造成显著的影响，人们仍然持续地复制着从先辈那里继承下来的生活方式现实。所谓生活方式是指人们社会生活各方面的具体形式（韩明谟，2001）。农村居民凭借日常生活的传统、习惯、风俗、经验、血缘等，维系着他们社会生活的各个方面，在家庭、村落等自然体系中构建起他们生活方式的规定性和日常观念活动（衣俊卿，2005）。正是这种对代表着现代社会特性的群众体育活动的推行与扩展造成了难以想象的阻滞，当人们习惯于用“走亲串户”的传统和习惯来建立或协调村民人际关系，而且这种人际关系足以满足人们的交往需要时，自然就认为没有必要通过体育活动去构建新的人际关系；当村民们的闲暇时光多被玩牌、看戏等习惯所占据时，现代性的各种体育运动也就难免被农村居民鄙视为小孩子的游戏，戏耍般的蹦蹦跳跳。正因为农村居民有着这些最基本、原初、不可或缺的生活方式的规定性，使得他们成为参与体育活动最不积极、为群众体育政策提供社会支持最少的社会群体之一。其表现是，当组织者于农闲时发起迎奥运的健身长跑时，应从者多数是小孩（学生）和村干部，村民几乎都在家中玩牌暑假期间奥运会实况转播，村里人们更喜欢收看带有故事性的电视节目镇上安装的健身路径设施成了晾晒被褥的东西（左新荣，2007）。

最后，民众的知识经验体系也影响着群众体育政策的执行。前面的调查已经指出，在农村地区，农村居民对体育类节目的关注程度很低（仅占12.4%），其中很大一部分原因是看不懂。现代体育特别竞技体育都有着相对复杂的活动规则，如果不了解这些规则，也就不明白这些体育活动的意义与趣味；本次调查过程中的访谈和田野观察表明，农村居民对于现代体育活动的各项规则不甚了了，所以看到这些体育节目的时候也就索然无味了。例如，笔者看足球时，旁边的村民会说：“这个有么事好看的哦，几十个围着个球跑，你踢一脚，他踢一脚；说是要踢进那个网子里，结果搞两三个小时，还不是搞不进去一个，零比零，看也不看了”。笔者看体操时，他们会说：“这是不是比翻跟斗哦，翻得多的赢是吧？这有么事好看的，还不如跳绳的。”对乒乓球的兴趣似乎较大一点（考虑到“国球”的政治意义，这点也是可以理解的），但是也只是对胜负感兴趣，只要知道中国队赢了就行了。这是民众知识经验影响群众体育政策执行的一个明证。

3.5 我国群众体育政策执行阻滞现象的现实机制

机制一词源于希腊文“mechane”，是指机器的构造及其运转方式，后引申到社会学界指的是社会的各个构成要素及其相互关系与运转方式。所谓的体育政策执行阻滞机制是指妨碍体育政策执行，导致体育政策执行出现阻滞现象的各种要素及其相互关系与运作方式。从体育政策过程的视角看，影响体育政策执行，可能导致体育政策执行出现阻滞现象的各种要素包括“体育政策问题的认定”“体育政策的制定”“体育政策的评估”；几个要素之间的关系与运作方式形成一个彼此相互作用的封闭环路，在群众体育政策的执行中，每一个对应的要素又有着具体的内容（图3-3）。

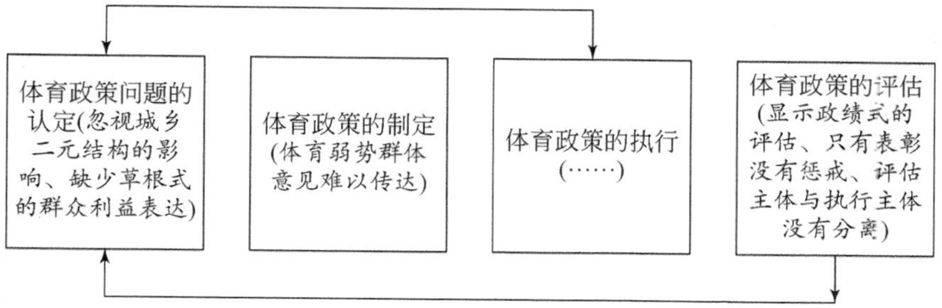

图3-3 群众体育政策执行阻滞现象的纵向现实影响因素

注：政策执行中的（……）具体内容展现在图3-4中。

就体育政策执行阻滞现象的纵向现实影响因素而言，在群众体育政策执行的现实中，导致群众体育政策执行阻滞的政策问题认定方面的因素主要体现为：在全民健身这一政策问题的认定中缺少草根式的群众性利益表达，忽视了城乡二元结构对群众体育政策执行的可能影响。

导致群众体育政策执行阻滞的政策制定方面的因素主要体现为：在征询政策意见的过程中，由于信息传递渠道的缺陷导致弱势群体（如农民群体、城市贫民阶层、农民工、流动人口等）的意见难以传达。

导致群众体育政策执行阻滞的政策评估方面的因素主要体现为：当前的群众体育政策评估是一种显示政绩式的评估，而不是发现问题式的评估；评估过后只要大锣大鼓的表彰和嘉许，却缺乏让人心存敬畏的惩戒；评估主体和执行主体基本上没有区分。

从体育政策执行构成的视角看，影响体育政策执行，可能导致体育政策执行出现阻滞现象的各种要素包括政策执行主体的特性、政策文本的品质、政策相对人的认同、政策资源的投入；这几个要素之间的关系与运作方式形成一个彼此相互影响的并联线路，在群众体育政策的执行中，每一个对应的要素同样也有着具体的内容（图3-4）。

就体育政策执行阻滞现象的横向现实影响因素而言，在群众体育政策执行的现实中，导致群众体育政策执行阻滞的政策执行主体方面的要素包括：①群众体育政策执行主体被窄化；②由于《全民健身计划纲要》的执行效果与政策执行

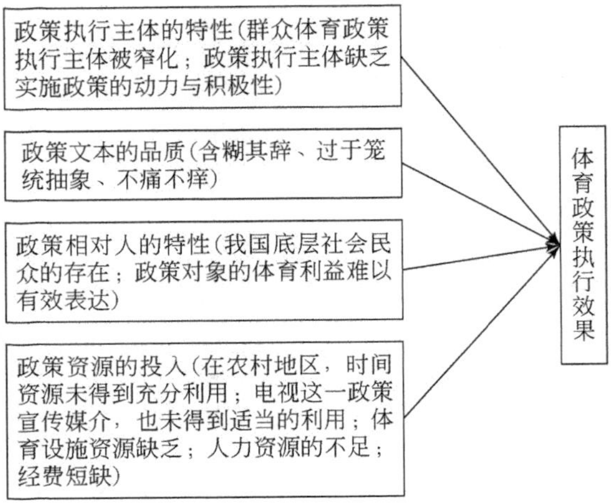

图 3-4　体育政策执行阻滞现象的横向现实影响因素

主体的切身利益联系不够紧密，导致政策执行主体缺乏实施政策的动力与积极性。

导致群众体育政策执行阻滞的政策文本方面的要素包括：政策文本中仍然不乏含糊其辞、过于笼统抽象、不痛不痒的地方。

导致群众体育政策执行阻滞的政策相对人方面的要素包括：①我国底层社会民众的存在已经成为《全民健身计划纲要》实施的瓶颈；②群众体育政策执行中的政策对象利益表达机制的缺陷也影响了群众体育政策的执行。

导致群众体育政策执行阻滞的政策资源方面的要素包括：①在农村地区，群众体育政策执行的时间资源充足，但是未得到充分利用；②电视是有效的政策宣传媒介，但是这种资源也未得到适当的利用；③体育设施资源缺乏则是影响群众体育政策有效执行的重要现实因素；④人力资源的不足阻滞着群众体育政策的执行；⑤经费短缺是群众体育政策执行的瓶颈。

导致群众体育政策执行阻滞的制度层面要素包括：①体育管理机制的不健全；②体育财政政策不合理；③群众体育和竞技体育之间地位的制度性失衡。

导致群众体育政策执行阻滞的文化层面因素包括：①民众传统的体育价值观与现代群众体育政策的价值导向不一致；②乡间缺乏与现代体育活动相配合的健身氛围；③农村传统的生活方式阻碍着现代体育活动的推广；④民众的陈旧体育知识经验体系也影响了群众体育政策的执行效果。

将影响体育政策执行的纵向因素、横向因素、制度层面与文化层面影响因素等综合起来，给每一个要素赋予具体的内容，我国群众体育政策执行阻滞的现实影响因素模型如图 3-5 所示。

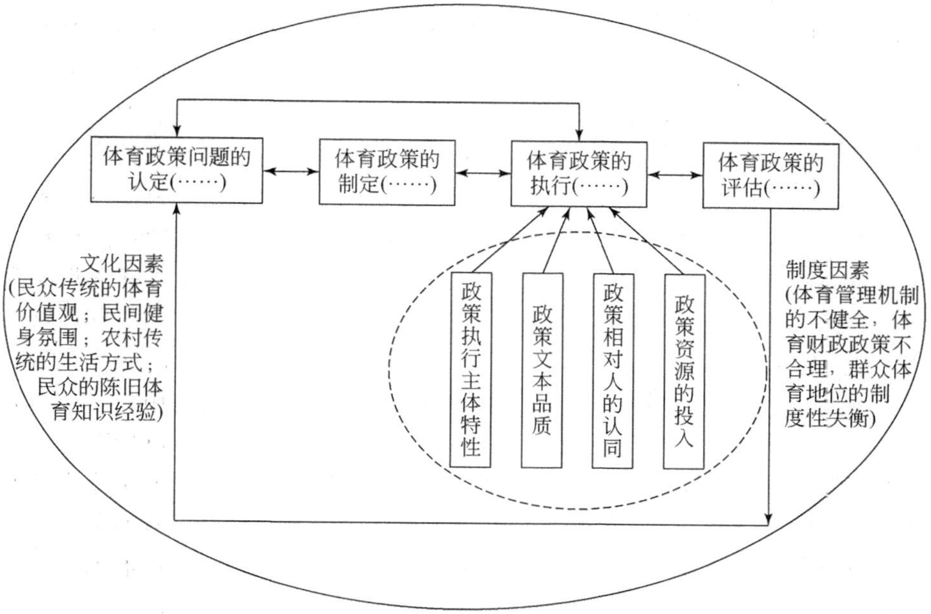

图3-5　我国群众体育政策执行阻滞的现实影响因素模型

注：图中的（……）具体内容因为页面设计的关系难以写入，详情可参见图3-3和图3-4。

第 4 章　我国群众体育政策执行阻滞的治理策略

依据我们概括的我国群众体育政策执行阻滞因素的理论与现实模型，综合考虑影响群众体育政策执行的过程因素、执行因素、制度因素和文化因素，提出了我国群众体育政策执行阻滞现象的防治策略。

4.1　群众体育政策执行的基本原则

如果说影响群众体育政策执行的过程因素和执行因素属于政策系统的内部因素，那么影响群众体育政策执行的制度因素和文化因素就属于政策系统的外部因素。对于政策系统外部的因素，从政策执行的层面往往难以形成直接而具体的防治措施，但是这些外部因素却构成了政策执行必须遵循的基本原则。根据前文的论述，我们认为要防治群众体育政策执行阻滞，当前我国群众体育政策的执行必须遵循两条基本原则：一是政府责任的有限性原则，以防治群众体育政策执行中政府的缺位、错位和越位；二是群众体育的文化性原则，以防治群众体育政策执行中的文化拒斥现象。

4.1.1　遵循政府责任的有限性原则

后奥运时期，群众体育开始成为政府体育工作的重心，政府无疑要在群众体育发展中承担责任。长期以来，我国群众体育管理体制和运行机制沿袭计划经济下的管理模式，在理论上坚持认为群众体育是单纯的公益事业和完全的公共产品，只能由政府来提供和包办，在操作上照搬竞技体育的“举国体制”模式，政府大包大揽，完全依靠政府的权力与能力去推动群众体育发展。结果是，一方面，造成了政府单一的供给能力与人民群众不断增长的参与性健身需求的矛盾日益突出；另一方面，也制约了大众体育健身娱乐市场的培育与发展。这也再一次告诫人们政府的干预同样会造成“政府失灵”，政府的干预不应该是无限的。换言之，在群众体育发展中，政府无疑应该勇于承担责任，但同时也应该是有效地、有限度地承担责任。

1. 群众体育发展中政府责任有限性的现实依据

我国群众体育形态的转变以及发达国家的群众体育管理模式是群众体育发展中政府责任有限性的现实依据。

早期中国群众体育的开展是以“单位”为基础的，“单位”又以国有化的形式成为贯彻国家意志基层机构，从而成为了组织和整合社会体育活动、执行国家群众体育政策的有效组织系统。此时，政府可以利用“单位”对群众体育施以全面的掌控，作出统一的要求，因为“单位人”的特点之一就在于其高度的同质性。然而，这种群众体育的发展模式往往忽视了大量处于单位体制之外的人。改革开放之后，计划经济体制逐步被打破，国有化的单位也逐步解体或改组，大量的“单位人”回归为“社会人”，现在没有人是被排斥在“体制”之外的人，或者说所有的人都已经不在“体制”之中了。随着高度同质的“单位人”恢复为多样化的异质性的“社会人”之后，群众体育发展的基石也从“单位”转向为“社会”，社会民众的依附性削弱而独立性增强。随着社会主体的独立性确立，其体育需求也开始呈现多样化的发展，这种发展趋势对政府完全掌控下的高度统一的群众体育活动提出了新的要求。自改革开放以来，政府实施了一系列的改革措施，逐渐放开过分集中的管理群众体育的权力，这些举措正是为了引导群众体育走向多样化以促进人们自身参与体育活动的热情。当群众体育从“单位”中解脱出来之后，政府也没有必要予以全权掌控了，群众体育活动不再是一项任务，而是回归于一种休闲娱乐的方式，其选择权自然也应该回归群众自身。

随着群众体育形态自身发生变化，群众体育的管理模式也在发生着变化。新中国成立之初，在计划经济体制的基础上，群众体育一直实行由政府全权包办，由政府通过行政力量调动全社会资源，以政治任务的形式强力推动，这种群众体育发展模式是与当时高度集中的计划经济体制相适应的，符合当时中国发展的国情。改革开放之后，随着社会主义市场经济体制改革的不断深入和体育事业发展规模的日益扩大以及国民体育需求的不断增长，由政府承担全部责任的群众体育发展模式开始捉襟见肘。计划经济时期由政府依靠行政手段强制推动群众体育发展，对于维持较高的体育参与确实起到了一定的作用。但是它忽略了人与人之间的个体差异性以及由这种差异性带来的体育运动需求的差异性，从而让群众体育运动走向了单一和僵化，缺乏自主发展的动力。市场经济的建立以商品的可替代性为前提，必然要求尊重人们需求的多样性。因此随着社会主义市场经济体制的逐步建立，人民群众对于体育的多样性需求得到了认同与尊重，结果是由政府统一包办的群众体育开始难以满足国民的多样化需求。政府对于群众体育的掌控也应该有所松动，为市场力量的介入留一片空间。另外，社会的力量亦开始介入群众体育发展。在计划经济体制下，我国群众体育以“条条管理”与“单位管理”形式呈现出鲜明的高度组织化格局。所谓“条条管理”是由各产业系统对其自成一体的“条条体育”进行管理，所谓“单位管理”是由生产、工作、学习单位对其自成一体的“单位体育”进行管理。这种组织管理模式高度依附于行政体系，缺乏自身的活力。社会转型导致单位体制的松动和解体，原先由单位全部承担的群众体育活动开始外移到社会和社区。在这一社会大背景之下，原国家体育运动委员会在1993年颁布的《关于深化体育改革的意见》中提出了中国体育改革的总目标——形成国家办和社会办相结合的格局。政府与社会相结合式的体育管理体制开始成为我国体育体制改革的发展方向。2002年7月的中央8号文中又明确提出：构建群众性体育服务体系，要坚持政府支持与社会兴办相结合。再次强调了新时期群众体育管理体制要坚持走结合型道路，强调了社会力量介入群众体育管理的合理性（苏勤玉和张宏，2006）。社会与市场力量的介入，导致政府在群众体育发展中的管理权力部分转移到了社会和市场主体身上，权力的重新分配必然要求责任的再分配，因此，随着政府在群众体育发展中的无限权力消减为有限的权力，相应地政府在群众体育发展中承担的无限责任也应该转变为有限的责任。

从国际比较的角度看，目前世界上还没有哪一个国家视群众体育为纯粹的公益事业，采取政府包办的做法。在西班牙、意大利、德国、瑞典等欧洲发达国家，在群众体育发展中，政府一般不直接介入社会体育管理，经济上也很少全额资助，政府基本采取了政策倾斜的做法。较为典型的是对于赞助体育的企业与个人实施税收减免优惠政策，这就使得社会资源乐意投向群众体育这一惠及民生的利民事业，从而确保国家群众体育获得有力的经济支撑。社会群众体育发展在经济上基本上取之于民，用之于民，实现了社会公益事业的责任共担，资源共享(高建萍，2004)。北欧的福利国家一直被认为是政府在支持国民开展大众体育方面投入最多、支持力度最大的国家，但即使是这些国家，群众体育也只能算是一项准公益事业，公民仍然需要承担群众体育活动的部分成本，如缴费参加各种体育俱乐部。而在北美和西欧的发达国家，尽管政府有对群众体育给予资助的传统，但资助力度一般都是十分有限的，且近年来随着新公共管理理论在这些国家的盛行，政府对群众体育的资助额度不是在增加，而是在维持甚至是削减。与这种趋势相对应的是，大众健身娱乐市场在这些国家迅猛发展，居民体育健身娱乐消费支出不断增加（鲍明晓，2005)。可以肯定的一点是，即使是在高度发达的西方国家，政府在推动群众体育发展中也只承担十分有限的责任。与西方发达国家相比，我国政府能够投入群众体育发展的物质资源和制度资源显得十分匮乏，因此我国政府在群众体育发展中承担有限的责任也是理所当然的。

2. 群众体育发展中政府责任有限性的理论依据

准公共产品理论与有限政府理论是群众体育发展中政府责任有限性的理论依据。倡导政府要在群众体育发展中承担全部责任的相关学者秉持的一个基本观点就是，认为群众体育是公共产品（陈秀娟，2009）。实际上，按公共产品理论，全部社会产品可以分为三类，即公共产品、私人产品、准公共产品。人们普遍认同公共产品有两个典型的特征：一是消费的非竞争性，二是收益的非排他性。消费的非竞争性，是指某个人或厂商对公共物品或服务的享用，不排斥、妨碍其他人或厂商对其的同时享用，也不会因此而减少其他人或厂商享用该种公共物品或服务的数量或质量。也就是说，增加一个消费者不会减少任何一个人对公共物品或服务的消费量，或者说，增加一个消费者，其边际成本为零。受益的非排他性，是指在技术上没有办法将拒绝为之付款的个人或厂商排除在公共物品或服务的收益范围之外。同时具有这两个特征的物品或服务为公共产品。典型的公共产品有国防、社会治安等。与公共产品相反，私人产品是同时具有消费的竞争性和受益的排他性的产品，如食品、衣物等生活用品。介于公共产品与私人产品的产品或兼具两者特征的产品属于准公共产品。

就群众体育这种产品而言，在消费上具有特殊性，即消费效用有直接效用与间接效用之分。群众体育的直接消费效用，是国民在享受体育服务后身体素质的增强、体育技能的增长、良好运动习惯的养成等，这也叫做群众体育的内部产出或内部效益。群众体育的间接消费效用，是指由于身体素质的增强、体育技能的增长、良好运动习惯的养成等内部产出，提高了群众体育消费者的劳动能力、体育精神和文明程度，从而有助于推进社会经济的增长与社会文明程度的提升。就群众体育的直接消费效用而言，群众体育具有一定的竞争性和排他性。例如，作为群众体育服务供应商的收费性体育健身场馆机构，可以以收费的形式将部分消费者排除在场馆之外；而体育健身场馆每增加一个群众体育消费者，都会降低原有消费者得到的体育服务水平。但是就群众体育消费的外部效用而言，它又可以使全体社会成员都受益，而且无法排除其他成员得到这种利益，因而没有竞争性和排他性。据此而论，群众体育又具有公共产品的性质。将群众体育两个方面的特性综合考虑，我们认为群众体育更像是一种介于公共产品与私人产品的产品，即准公共产品，而不是纯粹的公共产品。准公共产品的提供必然要求政府的介入，或者说政府应该提供部分群众体育服务。尽管政府应该提供群众体育服务，但是政府应该和能够提供的群众体育服务也只是部分的，而不是全部的。完整的群众体育服务应借助政府、市场和社会三方的力量共同实现。

我国群众体育管理体制的改革是顺应社会主义市场经济体制的建设而推行

的；市场经济体制的运转要求政府必须是“小政府”，从理论上概括也就是所谓的有限政府理论。经济学上的有限政府理论主张，市场经济必然要求有限政府，因为市场经济运转本身就可以使各个独立的个人利益和谐地联结起来，根本不需要任何政治力量来决定资源配置、产品选择和商品分配的问题（布坎南，1989），政府职能的范围应该取决于市场和社会的需要。政府的作用主要是补充市场失灵，从而纠正因市场失灵而引起的资源配置效率损失。政府所扮演的角色在于帮助市场发挥其功能，而不在于代替市场，代替经济规律。从我国群众体育的形态变化和组织管理模式的变革也可以看到，当前我国群众体育的发展已经从政府包办走向了市场、社会与政府共同兴办，群众体育的发展也要引入市场机制，在群众体育的市场化运作要求之下，政府只能是有限的政府。

如果从更为深层的原因看，政府的有限性源于政府权力的有限和政府能力的有限。首先，政府的有限性源于政府权力的有限性。依据经典的社会契约理论，在国家形成之前，存在着一个自然状态，但是这种自然状态并不是可欲的一种，相反正是人与人之间互相征伐，彼此消耗的一种生活状态。可以想象，人们为了能够更好地生活，在多次的冲突之后会想到一种妥协的办法，最终他们会结成契约，把一部分权力让渡给国家，得以用更大的力量来保护自己拥有的财产；从社会契约论的理论假设出发，国家应该是产生于人们的同意的（欧阳景根，2005）。因此，从宪政意义上看，国家与政府的权力来源于人民，也属于人民，政府只是人民权力的代理人，政府的权力只有充分表达了人民的意志才具有合法性。政府权力的合法性依据就为政府的权力划定了边界，在人民让渡出来的领域即公共领域，政府才能充分地行使自己的权力，但是人民并没有让渡属于市民社会能够理性自治的权力，因此政府的公共权力不应该随意地侵入私人领域，诚所谓“风能进，雨能进，而国王不可以进”。但是全能型的政府模式抹杀了“公域”与“私域”界限，使政治权力能够随意侵入市民社会的领地，从而导致了触目惊心的腐败和个人生命状态的种种危机。“公域”与“私域”之间的界限正是政府权力的界限。在群众体育的发展中，政府不能规定国民只许采用某一种既定的体育锻炼方式，政府不能规定国民只能消费某一单一主体提高的体育消费，政府不能够强制要求国民每天必须锻炼多少时间等等都是政府权力有限性应有的表现。

其次，政府的有限性源于政府能力的有限性。国家能力与权力是不一样的，如果说，政府权力只是对政府行为合法性的认可，那么政府能力则是相当于物质基础一样的力量影响着政府实际行为可以涉及的范围。正是有着这种物质基础的限制，政府即使有着巨大的权力，也不可能为所欲为。政府能力的有限性又源于政府能力赖以建立的物质基础、信息资源以及社会支持等的有限性（陈国权，1999）。

政府的能力首先要依赖于政府的财政收入。政府的财政收入主要有三个来源，即征税、举债和发行货币，通常情况下主要是依靠税收。但是在任何社会，税收的数量都只能是有限的，是纳税人能够承受的，否则就会导致社会的不稳定。而大量举债和发行货币（通货膨胀）也会导致严重的经济和社会问题。就此而论，政府的财政收入必然是有限的，有限的财力意味着政府只能做有限的事情。例如，在群众体育发展问题上，政府不可能为每一个村庄或社区建一个全功能体育馆、配备一组体育辅导员或者无限制地为每个国民提供体育消耗品等，这就体现了财政能力有限性导致的政府能力的有限。

从信息资源的角度看，政府所能够获得的信息是有限的，其搜集、整理和传递信息的能力也是有限的。因为政府管理信息的成本不能是无限的成本，因此任何政府收集到信息往往都具有局限性，从而必然制约着政府能力的形成和发挥。例如，在群众体育发展中，政府不可能全面详细地掌握每一个社区、每一个村落、每一个社会阶层、每一个家庭的体育锻炼情况及其影响因素，从而也不可能有针对性地解决每一个社区、每一个村落、每一个社会阶层、每一个家庭的体育锻炼问题，这就体现了政府信息资源有限性导致的政府能力的有限。

从社会支持的角度看，政府与社会是一种互动的关系，缺乏政府有效管理的社会是一个没有凝聚力的社会；而缺乏社会支持的政府则是一个软弱无力的政府。但是社会对政府的支持往往也是有一定限度的，这既与政府的权威有关，也与社会的价值取向有关，并在一定程度上取决于社会公民可能提供的资源。社会对政府的支持并不是盲目的，往往是一个权衡和选择的过程。在这个权衡和选择的过程中，他们的价值标准既可能与政府一致，也可能与政府相悖，因此，任何一个政府都不可能获得社会的完全支持。例如，在推进群众体育方面，曾经由政府倡导、单位组织而盛极一时的广播体操运动，现如今则明显衰落；无论是清晨还是黄昏，无论是公园还是广场已经很少见到人们做广播体操了。原因可能在于社会民众对于广播体操的价值定位与政府的定位之间有着一定的分歧。社会民众可能会认为广播体操太老土了，对于老年民众而言跳跳交谊舞、扇子舞，打打太极和门球才够时尚，对于中青年民众而言做做健身、瑜伽、打打网球等才够品味。现如今社会民众不仅要锻炼身体，更重要的是选择体面的方式去锻炼身体，给予群众体育运动方式一种身份展示式的价值定位。而政府则仅仅是从广播体操的简便易行及其健身价值等方面去定位的，即是一种实用性的定位。这两种价值取向上的冲突，也就弱化了社会民众对政府行为的支持力度。从而也揭示了政府在社会支持上的有限性导致的政府能力有限。

3. 群众体育发展中政府有限责任的范围

无论是从我国群众体育发展的现实而言，还是从理论基础上进行分析，都证明了我国群众体育发展中政府只能承担有限的责任。然而，倡导政府在群众体育发展中责任的有限性并不是说政府什么都不用做，管得越少越好，而是期望政府把有限的权力与能力用到最需要它的地方，使有限的政府资源得到最大限度的发挥，如此才能最有效地推进我国群众体育的可持续发展。正所谓："有限的政府才可能是高效的政府"。然而，要让有限的政府资源用到最需要的地方，就必须澄清群众体育发展中政府有限责任的范围。对于有限政府的责任范围，福利经济学理论提供了基本的尺度，它认为政府的作用主要是补充市场失灵，从而纠正因市场失灵而引起的资源配置效率损失。从经济角度来看，政府职能的范围应该取决于市场和社会的需要。来自市场的需要是校正市场失灵，而来自社会的需要则源于人们对公平的渴求（毛寿龙和李梅，2000）。据此，政府在群众体育发展中的责任主要集中在两个方面：一是校正当前群众体育发展中的市场失灵；二是消除群众体育发展中的不公平现象。

通过分析当前我国群众体育发展中市场失灵的主要表现，便可进一步澄清政府在校正群众体育市场失灵方面的具体责任。所谓市场失灵是指市场秩序偏离理想状态，致使市场对资源的配置出现低效率。就当前而言，我国群众体育发展中市场失灵主要表现为：①社会观念导致的体育消费单一化。当前社会民众的体育消费主要集中于实物性体育消费，如购买各种体育用品、服装、装备等。对于非实物性体育消费（体育服务）的关注则远远不够，社会民众普遍认为随便做做体育锻炼，动作规范不规范并不重要，又不是要去比赛，没必要花钱请专业指导。②垄断或封闭式的体育场馆管理导致体育场馆利用率低下。随着竞技体育的发展，全国各地体育场馆的建设显著增加。但是这些体育场馆大部分都是由政府出资为特定的竞技运动而兴建的，一方面未能实现产权与经营权分离，另一方面对于体育场馆过度保护，实施封闭式管理，结果导致我国现有体育场馆对外开放程度严重不足，体育场馆利用率低下。③群众体育基础设施建设不足。群众体育基础设施的建设具有明显的外部效益，其社会成本与私人成本、社会收益和私人收益存在着较大的差异，这种差异自然会降低市场对资源的配置效率。社会团体和个人显然是没有动力去修建吃力不讨好的公共体育设施，最终造成群众体育设施的社会供给不足。依据群众体育发展中市场失灵的表现，在校正市场失灵方面，当前政府的具体责任重点应该在于如下几个方面：①引导体育消费向多元化方向发展，提升群众非实物性体育消费的构成比重。②明晰体育场馆产权，促进经营权与产权的分离，提高体育场馆利用率。③政府的群众体育投资应该集中于加强群众体育基础设施的建设，提高体育场地设施的覆盖面，着力改善群众体育活动的环境和物质条件。

同样，通过分析当前我国群众体育发展中不公平现象的主要表现，便可厘清政府在消除群众体育发展中不公平现象方面的具体责任。当前我国群众体育发展的不公平现象主要表现为城乡差异显著、社会弱势群体（如残疾人）参与体育的状况极差、社会特殊群体（如老年人、农民工）的体育权利尚未得到切实的保障（江崇民等，2009）。因此，在促进群众体育公平方面，政府责任的重点应该是从权利公平与机会公平这两个方面入手，创建我国群众体育公平的实现机制。所谓实现群众体育的权利公平就是要保障每个社会主体的体育权利，不因其家庭背景、种族、性别以及资产状况等受到影响与限制。政府要保护广大人民群众的体育权益，为公民体育权利的实现创造必要的条件，对于侵害群众体育权利的行为要做出相应的处罚规定，着意于从法律层面上保障人民群众的体育权利。所谓实现群众体育的机会公平就是要保障每个社会主体参与各种群众体育活动的机会均等，特别是参与体育机会较少的社会群体，如农村居民、社会弱势群体、社会特殊群体。因此，这就要求政府应依据罗尔斯的“最不利群体的最大利益”原则，从社会正义的角度解决特殊人群参与群众体育锻炼的问题。例如，为农民工免费提供体育场馆使用机会，为残疾人设置特殊的体育锻炼场馆，政府出资赞助农村特色村落体育活动等。

4.1.2　尊重群众体育的文化性原则

文化对于群众体育政策的运作既有拒斥的表现，又有支持的功效。这是因为一方面群众体育具有文化性，原初的群众体育是源自于民众的生活的，承载着民众的价值观念、体现着民众的行为习惯、包含着民众的思维方式、展现着民众的知识经验；另一方面，公共政策具有文化性，作为过程的政策始终是在特定的文化系统中完成的。因此，群众体育政策的执行必须关注群众体育和群众体育政策的文化性。具体而言，我们需要做出如下几个方面的努力。

首先，应树立与保持群众体育政策研究的文化敏感性意识。所谓文化敏感性就是要能够倾听不同文化主体的不同声音，从不同文化主体的角度来研究问题，根据不同文化主体的实际情况指导实践。在对问题进行解释时要尊重特定的文化逻辑，解决问题的实践要能够得到当地文化价值评判标准的认可。具体而言，就是要深入研究中国当前执政与决策群体的价值取向，寻觅出主导他们制定政策和决策的思维模式；要深入研究政策对象和利益相关主体的价值需求和取向，找出他们在不同方面不同层次上共同的价值需要与取向；要深刻反思当前政府的价值取向是否与政策对象、利益相关者的价值取向相吻合，是否能够满足他们的价值需求。

其次，在政策制定上要整合社会群体的心理需要。群众体育活动中的主体是多元化的主体，不同主体的利益和心理需要亦不相同。群众体育政策的决策应该关注群众体育中不同利益群体的心理与行为规律，探求对积极群体行为的强化与鼓励，同时预测可能的偏差群体行为并给予适当的预防与调控，在政策制定过程中要充分体现不同群体的价值追求和心理需要，以寻求最大的政策支持。正如安德森（1990）所言："所有公共政策都试图以某种方式影响和控制人类的行为，或使人们的行动与政府制定的规则或规定的目标相一致。……倘若人们并没有服从政策的要求，倘若人们继续以不受欢迎的方式行动，倘若人们没有采取所愿望的行为，那么就会导致政策不起任何作用。"政策制定者只有在充分考虑到群众体育中不同主体的价值观念、情感态度、利益得失、行为动机，才能够制定出最符合社会需要、最能为社会公众所接受的政策，从而增强他们配合政策执行的自觉性，提升政策执行的绩效。

最后，要大力建设参与型的政策文化。政策文化是与特定的公共政策相关的行为主体对该项政策所持有的倾向模式。这种倾向模式是由各行为主体的价值观念、思维模式、理想信念、行为准则等文化因素综合作用而形成的。政策文化可以说是特定政策环境的产物，具有作为文化的一般基本特征，深刻影响着公共政策的运行（窦正斌，2006）。我国传统政策文化是一种国家本位主义的集权型的政策文化，政策对象的参与程度低下。在本研究的调查中发现，社会民众对于国家和各级地方政府部门出台的各项群众体育政策的知晓率很低，对政策的知晓率直接反映了群众在政策过程中的参与程度。然而，一方面，在社会的民主化进程中，社会民众越来越强烈地意识到，作为群众体育权利的主体，在政策过程中就应当强化自己的主体地位，不能仅仅满足于作为政策对象（客体）而存在，被动地认可和遵从政策，而应该强烈地要求向政策系统表达自己的意愿，具体过问政策的全过程，使政策能够更充分地代表自己的利益。另一方面，政策的有效运作有赖于各政策主体（对象）的自愿合作和对权威的自觉认同，只有通过合作、协商、伙伴关系等方式，才能形成良好的政策文化，从而提升政策执行力。因此，革新传统的非参与型政策文化，建设新的参与型政策文化势在必行。

4.1.3 执行效果的可检评原则

政策的评估对群众体育政策的执行有着重大的影响。从当前群众体育政策执行评估的现实看，主要存在着评估标准过于模糊、定性的标准多定量的标准少等问题，其直接结果就是群众体育政策执行的效果不具有可检评性。到一个地方检查群众体育政策执行的效果，看得最多的可能就是体育场馆的建设，但是这些场馆的利用率如何，到底是谁在用，是不是所有社会阶层都可以享用等，却是难以检评的。至于体育的管理者投入了多大的精力，对群众体育的重视程度如何等就更难以评估。这为群众体育政策执行的评估带来了很多困难。因此，如何让群众体育政策的执行效果具有可检评性也是我们在推进群众体育政策的执行中要重视的一个原则。

当然，这可能还需要建立一个明确的群众体育政策评估标准。首先，要有绩效标准。绩效标准主要包括效果标准、效率标准和效应标准等。效果标准指政策执行的结果与影响。效率标准指政策执行中资源投入量与所获得效果之间的比例标准，通常以单位成本能取得的最大效果或单位效果所需要的最低成本为评价形式。效应标准指以政策执行效果对社会发展、社会公正的影响，以及社会反应如何、反应强度作为评价标准。其次，要有规范性标准。规范性标准是政策执行的过程标准，用于对政策执行过程的评价，主要包括法制标准、政策标准、执行标准和组织标准等。再次，还要有非规范性标准。非规范性标准是政策执行方法方面的评价标准，用于评价政策执行方法运用的有效性，主要包括手段标准、民主参与标准、权利实现标准、责任履行标准等。在当前我国政策执行不力比较普遍的情况下，政策执行评价尤应该突出绩效，以绩效标准为核心和重点。

4.2　过程因素视角下群众体育政策阻滞的防治策略

从政策过程的视角，提出群众体育政策执行阻滞的防治策略主要是从政策问题的认定、政策的制定、政策的评估这三个环节予以考虑。

4.2.1　政策问题的认定方面的防治策略

在理论上，为了避免政策问题认定阶段的偏差对群众体育政策执行的不利影响，政策问题认定前应该进行一定的调查，在了解一定的现实数据的基础上，再确认问题。确定群众体育政策问题的过程还应该有一定的程序可循，需要多方人士的参与，特别是多重利益相关主体的参与，避免仅看体育问题的表面现象。要考虑体育政策问题的对应政策对其他相关政策的影响以及政策的导向性问题，即考虑该问题解决的方向性是不是大家有一个社会认可的价值取向。最后，还要考虑政策议题对应政策的代价问题，其基本思想是要考虑到收益要大于支出。

就现实的问题而言，当前群众体育政策问题认定的偏差主要表现为对城乡二元结构影响的估计不足。那么，对这一偏差的修正策略就是应该将城乡群众体育发展的不均衡作为新的政策问题，确立以农村为重点的城乡群众体育统筹方针。这一论断与前面提出的政府有限责任原则也是一致的，推进群众体育发展的均衡属于政府责任的范围。具体而言，包括如下几项措施。

首先，在新的群众体育发展政策中要转变将城乡割裂、各自为战的发展思路，要在城乡一体化的大前提下，促进城乡群众体育的协调发展。当前特别是要实行城市反哺农村的方针，走以城带乡、城乡互动、协调发展的道路。

其次，要发挥政府的主导作用，加强政府对城乡群众体育关系的宏观调控行为。正如前文指出的，群众体育特别是农村群众体育可以看作一项公共产品，政府应该承担相应的责任。而城乡体育发展的失衡正是市场失灵的地方，因此政府应该发挥主导作用对城乡群众体育关系实施宏观调控。各级政府应该积极介入城乡群众体育的统筹发展，以高瞻远瞩的姿态，群策群力地制定科学合理的城乡群众体育一体化发展规划，并辅以各项配套政策保障规划的高效有序运作。各级政府应该消除惯有的行政管理方式与思维方式，要把城市和农村群众体育放在同等重要的位置，特别是城市的各级政府不要认为自己只是城市的政府，农村的群众体育与自己无关，应该做到城乡统筹，有反哺意识，甚至有时要将农村群众体育的发展放在优先的位置。为此需要建立城乡群众体育统筹的促进机制，把农村群众体育的各项发展指标作为体育工作考核的重要内容，切实把农村体育纳入全市体育的整体规划之中，统筹布局，促进城乡群众体育的协调发展。

再次，要加快制度创新，建立城乡群众体育统筹发展的良性互动机制。统筹城乡发展是一个以城乡融合为目标、不断破旧立新的制度创新过程。政府一方面应该及时地摒弃、废止或修正不合时宜的、不合理的各项政策制度；另一方面要从统筹城乡发展和社会公平的角度出发，建立以城带乡、城乡互动的城乡群众体育统筹发展长效机制，让村民与市民处在一个相对公平统一的体育制度环境之中。

最后，要优化城乡体育资源配置，加强资源整合。城乡体育资源的配置状况，决定着城乡群众体育协调发展的进程与成效。在推进城乡群众体育协调发展的过程中，要发挥城市在城乡资源整合中的带动作用、辐射作用和示范作用，以推动城乡体育资源的有效整合。例如，城市体育场馆建设应该合理规划、精心布局，充分考虑广大群众的健身需求，一部分场馆可以建设在城乡结合部，以惠及村民。同时，城市可以分阶段帮助农村援建一些体育场地设施，援助一些体育器材及体育文化资料等。城市大量的各级各类体育人才应该积极主动地担当起在农村传播体育知识、传授体育技能的责任，帮助农村建立文化体育辅导站，培训农村各级各类体育管理人员和社会体育指导员等。只有合理配置、积极整合和有效利用城乡体育资源，发挥协同效应，使之互动互补互用，走相对集中、规模发展的集约化道路，才能以较小的公共投入和成本，获取最大限度的回报和效益，才能不断缩小城乡群众体育之间的差距，凸显城乡一体化的群众体育发展环境新格局。

4.2.2　政策制定方面的防治策略

体育政策的制定过程与体育的利益分配是同步的、动态的过程。在这一过程中，各种相关利益群体通过相应的渠道参与政府体育决策，把自己的体育利益诉求投入到体育政策制定系统中，不同利益群体为实现其利益的最大化相互进行博弈。各相关利益群体在参与的过程中，强烈要求向体育政策系统表达自己的意愿，希望自身利益能得到充分体现。在理想的状态下，体育政策的形成应是在不同相关利益群体利益诉求获得充分表达的基础上，进行平等博弈、妥协的结果，但现实中的情况往往并非如此。强势利益集团甚至就某些利益关系重大的问题向政府讨价还价，施加压力。达尔十分肯定地提出，政治阶层不同部分的独立性、渗透性、异质性保证了任何不满的集团都能在政治领域中找到代言人（Dahl，1961）。政府决策过程实际上是各种利益集团争取影响政策的过程，在这种影响下，政策便成为各种利益集团竞争后所造成的均衡（赵成根，2002）。

体育政策的制定不仅仅要受到相关利益主体的影响，还要受政策制定者的价值偏好、情感态度和能力因素的影响。通常人们会以为政府作为政策的制定者是为公众利益服务的，代表着公共利益，政府部门自身不存在私利。但是，布坎南等的研究指出政府其实也是一个“经济人”，政府也需要谋求自己的生存与发展，有着自己独立的价值追求，政府本身是存在着自利性的。据此，政府在公共政策制定（或执行）过程中，出于“经济人”的自利本性，是很有可能会让自己的私利在公共政策中得以实现，从而导致公共政策偏离公众公共利益的；由于政府是影响政策制定的强势力量，甚至他们可以在公共政策中以部门利益替代公共利益。

因此，为了防治由于体育政策制定的不恰当导致的体育政策执行阻滞现象，我们应该从如下几个方面着手。

首先，相关决策部门应该考虑如何建立和完善体育政策相关利益群体的利益表达机制。体育利益表达机制的完善是有效了解各相关利益群体体育利益需求的前提，只有对各个群体、各个阶层的利益群体的实际利益需求有所了解，才可能对体育利益需求有一个整体的把握。这就需要相关决策部门拓宽信息沟通渠道，为各个阶层的体育利益表达提供通道，通过完善听证制度、决策咨询制度等开辟论坛及邮箱等方式来保障利益表达的顺畅无阻。

其次，政策制定主体在制定相关体育政策时要充分考虑政策环境，包括社会、政治、经济、文化、科教、环境等。了解不同时期、不同地域之间的差异，面对这些差异作出相应的体育政策调整。

最后，要不断加强政策制定主体的知识和道德两个方面的修养。在知识方面，政策制定主体不仅要了解体育科学和体育人文社会学的相关知识，还要了解政策科学与体育政策科学的相关知识；在道德修养方面，政策制定主体要能做到超越小集团的利益之争，从社会公益的立场出发去考虑政策实施后的效果。

4.2.3 政策评估方面的防治策略

体育政策评估是依据一定的标准和程序，对政策的执行过程以及执行后的效益、效果等所作的事实和价值判断，以便为政策的执行改进和政策内容的修订提供依据；体育政策评估是体育政策过程中一个重要的组成部分。首先，体育政策实施后必须组织评估。没有评估的政策实施便没有了章法，也没有了约束，政策的执行自然就会偏离正轨。其次，体育政策的评估必须有科学的标准和程序可以遵循，以保证评价结果的真实性和可靠性。再次，体育政策评估主体应该多元化，不能仅仅来源于政府官员，以免出现政策执行过程中只对上负责，而不对下负责的情况。最后，体育政策评估后的结果要及时反馈给相关部门，并实施相应的奖惩措施。

针对当前群众体育政策评估中的现实问题，相应的防治策略包括如下几点。

首先，要从显示政绩式的评估向发现问题式的评估转变。群众体育政策执行的评估不能只是为了划分出一个档次或者评定一个等级，更重要的是发现影响群众体育政策执行力提高的因素何在。因为只有发现问题，才能解决问题，进而提高群众体育政策的绩效，改善人民体质。

其次，评估中除了建立详细的奖励制度外，还应该建立详细的惩罚措施，让群众体育政策执行效果与执行主体的利益直接相关。

再次，通过第三方评估实现群众体育政策执行主体与评估主体的分离，避免当前群众体育政策评估主体与执行主体同一、裁判员又是运动员的情况。

最后，要研制科学合理的群众体育政策执行评估标准体系。只有有了评估标准，我们才知道该如何去评估群众体育工作的成效，才能给群众体育政策的执行指明方向。

4.3　执行因素视角下群众体育政策阻滞的防治策略

在体育政策的执行方面，我们将体育政策执行主体的特性、体育政策文本的品质、体育政策相对人的认同与体育政策资源的投入维度包纳进来，因此在体育政策执行方面的防治策略又细分为如下四个方面的策略。

4.3.1　体育政策执行主体方面的策略

从理论层面上说，要防治群众体育政策执行的阻滞现象，在政策执行主体方面，首先要优化政策执行组织机构的层次与权力结构，加强政策执行者继续教育，提高对体育事业的认识。要明确各项体育政策的执行主体，然后在各个执行主体间进行合理的分工与协作。其次，要强化政策执行主体权责一致的运行规则。责任是权力的孪生物，是权力的当然结果和必要补充，凡有权力行使的地方，就有责任（法约尔，2007）。权责一致规则要求对各执行主体的执行权力和执行责任做出明确的划分，使其各司其职，各尽其责。为此，在政策执行体制中要建立严格的监督、考核机制，对未完成执行任务，或执行效果不佳或造成严重损失者，严格追究其执行责任。一切有权力的人都容易滥用权力，这是一条万古不变的经验。有权力的人们使用权力一直到有界限的地方才休止（孟德斯鸠，1961）。弱化了监督就必然导致行为的失控，政策执行梗阻也就不可避免。就我国现实而言，必须从制度上确立监督机构的独立地位，从根本上改变监督主体与客体共存于一个组织单元的不正常状况，让监督机构摆脱不正常的依附地位，从法律和制度上享有独立的权力与权威。只有这样才能确保对群众体育政策执行的监督具有权威性和有效性，才能真正发挥防治政策执行梗阻的保障功能。最后，要提升政策执行主体的道德修养。对于政策执行主体的约束不能仅仅寄希望于具有强制力的制度规范，还需要从政策执行主体的内在修养方面着手，两者相辅相成，才能真正遏制政策执行主体权力的滥用。

基于实证调查，针对我国群众体育政策执行阻滞的现实而言，应该从如下几个方面着手。

首先要将《全民健身计划纲要》的执行主体定位为各级地方政府，然后在各级地方政府职能部门间进行合理的分工与协作。因为“全民健身”的工作是一项系统工程，涉及政府职能的方方面面，只有政府各职能部门都承担起相应的责任才能保证《全民健身计划纲要》实施过程中政策执行主体权责的对称。

其次，各级政府应该将全民健身的工作成效纳入各职能部门的工作考核内容之列，让《全民健身计划纲要》的实施效果与各政策执行主体的切身利益紧密相连，以调动各政策执行主体执行政策的积极性。同时，要强化政策执行主体权责一致的运行规则。责任是权力的孪生物，是权力的当然结果和必要补充，凡有权力行使的地方，就有责任，权责一致规则要求对各执行主体的执行权力和执行责任做出明确的划分，使其各司其职，各尽其责。

4.3.2 体育政策文本方面的策略

政策文本的品质主要表现为政策文本的明晰性、可操作性、现实性与稳当性等。换言之，在体育政策文本方面首先应该尽量做到政策内容明晰无歧义；其次，要保证政策内容具有一定的可操作性不能过于抽象；再次，政策文本内容应该符合政策实施时空的现实条件，应该是可能而且可以实现的；最后，政策应该具有一定的稳定性，不能变更过快，宜采用渐进的方式修正，而不宜采用推倒重来的方式更替。

《全民健身计划纲要》总体而言具有较好的品质。当然，为了保障条例执行获得更优的效果，建议可以随着现实条件的变化以条例的补充意见或者实施细则的形式，增补新的内容，以保障政策的灵活性与稳定性的统一。

4.3.3 体育政策相对人方面的策略

首先，要通过各种信息传播媒介如电视、广播、网络、报纸等向政策对象宣传、讲解政策的内容，增进他们对政策的了解，要引导政策对象树立相应的体育价值观。每项体育政策都是某种体育价值观的表达，当政策对象的体育价值观与体育政策所表达的体育价值观不一致时，该体育政策的实施往往难以得到政策对象的认同，从而出现体育政策执行的阻滞现象。所以，政策执行过程中对政策对象的体育价值观进行必要的引导是有效防治体育政策执行阻滞现象的策略之一。

其次，要提高政策对象对于政策的信任程度和接受程度，这又要求完善居民体育利益表达机制。具体的措施包括：①增强居民体育权利意识及表达能力。要通过改变居民的体育价值观，更新居民的体育知识系统来增强居民表达体育权益的动力与意识。只有通过体育价值观和体育知识的改变，让居民真正体会到体育活动能够给自己和家人带来现实的好处时，他们才会理解体育对于自身的必要性，才会将体育权益视为不可或缺的权益，去予以维护与争取。要通过“政治启蒙”去增强民众表达体育权益的能力。人并不是天生就具有参与政治活动的能力的，正如列宁所说："文盲是站在政治之外的"。必要的文化知识和政治知识是增强民众政治参与能力的前提。从这个意义上说，我们现阶段很多民众都需要一场政治启蒙，要让他们掌握必要的政治知识，才不至于要么龟缩而不敢或不愿表达自己的权益，要么就以激进而鲁莽的形式去过激地表达权益，从而有损于政治和社会的稳定和谐。②引导居民进行合理的体育利益表达。引导居民合理表达体育利益，首先要求各级政府尊重居民的各种体育利益要求，不能不加分辨地予以拒绝、搪塞和指责；对其中合理的体育利益要求要给以充分地肯定和满足，对一些不尽合理和不符合当时当地条件的体育利益表达要求，则要通过耐心、细致的思想与解释工作去化解体育利益表达主体（居民）的情绪，或者采用置换的方式来满足他们的要求，用实实在在的工作来取得他们的认可和理解。与此同时，要加强有关群众体育政策的宣传和解释工作，引导居民根据实际条件来正确地认识何谓合理的体育需求，何谓不合理的体育需求。③提高政府对居民体育利益表达的回应度。回应性政府的核心理念和标准之一就是以公共利益为导向，为公共利益而运作，必须反映服务对象的需求及期望（接志波，2007）。政府体育行政部门在群众体育政策制定以及执行过程中，对居民的体育利益诉求和他们提出的问题应该作出积极反应和回复，能满足的就满足，不能满足的就解释或积极争取满足。各级体育行政工作人员应该真正深入基层，认真倾听居民的体育利益诉求，少做"面子工程""形象工程"，切实满足民众的体育需求，使居民的体育需求得到很好的回应，切勿让民众形成说了也没用的思想。④构建畅通、有序的居民体育利益表达渠道。首先要完善信访制度，确保制度化的居民体育利益表达渠道的畅通。其次，要充分发挥大众传媒在传达居民体育利益表达上的功能。因为居民的某些利益表达如果能够得到大众传媒的介入和支持，引起社会的关注，进而形成一定的社会舆论，常常就会转变为政策输出（丁柏铨，2009）。最后，是根据时代的变迁与科技的更新，积极地选择新的居民体育利益表达渠道，如网络热线、网络听证会、网络留言与论坛等。⑤大力发展群众体育组织，充分发挥体育组织利益表达的功能。加强组织建设与发展是利益表达和实现的重要途径，众多的调查研究也表明，各种体育组织的缺乏成为阻碍我国群众体育发展的重要原因。所以，加强群众体育组织的建设，充分发挥体育组织利益表达的功能，使其成为居民与政府重要的沟通桥梁，将对我国群众体育政策的制定与执行产生重要的作用。⑥群众体育政策执行中须更加关注弱势群体的体育利益表达。正如前文指出的，弱势群众体育权益的保障已经成为群众体育政策执行的瓶颈，如果说群众体育政策执行的前期是讲求效率的时期，那么在群众体育政策执行已经取得一定成绩的时候，应该从效率转向公平，此刻就应该特别重视弱势群体的利益表达声音了。

4.3.4 体育政策资源方面的策略

《全民健身计划纲要》的实施不可或缺的政策资源之一就是经费的投入。保障我国《全民健身计划纲要》的彻底执行，还应该增加专项资金的投入，并建立专项专用的资金管理体系，以确保政策的经费资源不被侵蚀或浪费。同时，还应建立和完善全民健身工程的建设、管理、使用、维护的长效机制，加大政府维护设施的资金投入，拓宽筹资渠道，保证健身设施的条件、使用及日常维护，严禁侵占、破坏全民健身设施。实施《全民健身计划纲要》的另一个不可或缺的政策资源是制度上的资源。各地方政府要根据《体育法》和《公共文化体育设施条例》，结合地方实际，制定有效的具体政策措施，遏止和杜绝某些行政权力的滥用，严厉惩处蔑视法律、强行侵占公共体育场地的恶劣行为，依法"建体"。

为了充分利用农民的时间资源，在农村群众体育政策的执行过程中要注意农民闲暇时间的季节性特征。例如，在冬季等农闲时段，农民几乎不需要参与农业生产活动，闲暇时间尤其充裕，而在南方夏季的"双抢"时期，农民的闲暇时间几乎没有。因此，在农村执行群众体育政策、充分利用村民的时间资源时，必须考虑农民群体闲暇时间的季节性特征，组织开展体育文化活动时尽量安排在农闲时间，这样才有可能提高农民参与体育活动的积极性，群众体育政策的执行才能取得较好的效果。

电视可以成为农村群众体育政策宣传的良好通道，也可以成为农民参与体育活动的一种媒介。为了充分利用这一媒介，改善农民的体育运动知识体系，应该提高体育电视节目的趣味性，增加具有乡村文化风味的体育运动和草根体育节目。

在群众体育政策的执行中，体育设施资源短缺，特别是农村体育设施资源极度匮乏是导致政策执行阻滞的重要现实因素。因此，推进农村群众体育政策的执行需要提高农村体育设施的覆盖面和利用率。要提高农村体育设施的覆盖面，首先要改革当前的体育管理体制，转变政府职能。《中共中央关于构建社会主义和谐社会若干重大问题的决定》明确提出，要建设服务型政府，强化政府的社会管理和公共服务职能，要求以发展社会事业和解决民生问题为重点，优化公共资源配置，注重向农村、基层、欠发达地区倾斜，逐步形成惠及全民的基本公共服务体系，逐步实现基本公共服务均等化。据此，为了推进群众体育政策的实施，推进农村体育运动的发展，各级体育行政管理部门及其他相关部门如民政局、建设局、卫生局等要明确各自在农村体育发展中的职责，将农村体育设施建设纳入各地的发展规划之中。其次，要多渠道筹集农村体育设施建设资金。在政府的主导之下，要动员社会各界力量，特别是要利用好体育彩票公益金，将全民健身工程资助重点转移到农村，帮助农村建设体育场地设施。要鼓励乡镇企业、私营业主等投资主体积极投资农村体育事业，为了调动他们的积极性，可以允许他们在投资项目上获取合理的回报。要充分开发和利用本地区的体育设施和体育文化资源，发展体育特色项目和体育产业经济，利用市场机制不断增强自我筹集资金的能力。最后，要通过法律的形式保障农村体育设施的建设。通过加强农村体育相关的法制建设，把农民体育权利、各级各部门在发展农村体育方面所承担的责任和义务、农村体育在公共资源内所享有的份额以及农村体育设施资源的分配方式通过具体的法律的形式规定下来，规定违反这些文件的惩罚措施和救济方法，并切实贯彻执行。让农村体育设施的建设有着国家强制力作为坚强的后盾。

农村体育设施的建设要因地制宜，满足不同地方群众的健身需求。农村体育设施的建设，包括建设什么，如何建设，在哪里建设，都是通过政府政策予以推动的。而政府政策本身应该是一个公共选择的结果，必须充分考虑各方利益以及由变化所导致的各种问题。因此农村体育设施的建设在形成政策的过程中应该充分考虑地方群众的利益表达，给地方群众以通畅的利益表达机制，如是才能做到因地制宜，所建为村民所需。在农村体育场所（设施）的建设过程中，要让农民真正成为农村文化体育建设的主体，充分听取他们的意见，采纳他们的建议，合理布局体育场所和设施。对于建成的体育场所和设施，应该做好宣传讲解工作，让村民详尽地了解场所和设施的使用方法与注意事项。只有从这几个方面入手，才能切实地提高农村体育场所（设施）的利用率。需要强调的是，我国幅员辽阔，地区差异巨大，各地的实际情况不同，农村文化体育场所（设施）的建设方式也存在差异。例如，对于西部等经济相对落后的地区，国家支持应占主导地位，而对于东部等经济发达地区，则可以积极推动社会筹资和农民集资方式。

为了保障农村体育设施的覆盖面和利用率，还需要强化体育设施建设的日常管理。对于已经建成的农村体育场所（设施）政府要加强日常管理。农村社区体育场地要成为科学、健康、文明的阵地，对侵占、破坏或把体育场地挪作他用的行为，当地政府必须行使行政职权及时予以纠正。加强检查、督办、考核力度，促进农村社区体育场地建设持续、协调发展。农村体育场所（设施）建设项目规划中应保留维修资金，应将维护资金专项列出，专户管理，分期拨付，对于有经济实力的村委还可建议其提取专项维护资金存入维护专户。

最后，人力资源的不足也是导致群众体育政策执行阻滞的重要现实因素之一。我国群众体育政策执行中人力资源的不足主要体现在体育社会团体组织中的体育专职人员太少。这种情形又与体育专业大学生就业难、退役运动员安置难等情形构成悖论，因此，不妨将群众体育政策执行中体育专职人员的不足与解决体育专业大学生就业难、退役运动员安置难等问题综合在一起考虑。

第5章 结　　论

5.1 主要结论

我国群众体育的发展过程始终与群众体育政策的发展紧密相连。当前我国群众体育事业的发展既是后奥运时期体育事业发展转型的需要，也是建设社会主义和谐社会的需要；尽管，在建设社会主义市场经济体制的背景下要运用市场机制推进群众体育的发展，但是政府的主导作用仍然很显著；政府的主导作用主要通过政策调节的形式得以体现，而我国政府已经清晰地认识到了这点，因此出台了一系列促进群众体育发展的政策。有鉴于此，当前我国群众体育的发展首先要关注的是群众体育政策的执行，亟须的是提升群众体育政策执行的绩效。

在现象形态上，群众体育政策主要是《全民健身计划纲要》《群众体育发展规划》等政策文本；在本体形态上，群众体育政策是关于群众体育利益的分配；在过程方面，群众体育政策是一个动态连续的主动选择的过程，包含着若干个紧密相连的阶段；在特殊性质方面，群众体育政策在活动过程和利益分配方面具有不同于竞技体育政策、学校体育政策的特殊性，即具有很强的地域性和文化性。这些构成了群众体育政策执行阻滞现象的多维分析框架，也构成了群众体育政策执行阻滞因素的概念模型。

通过中部有关省份城乡群众体育政策执行情况的实证调查显示，自《全民健身计划纲要》颁布实施以来，各类群众体育社会团体组织数量在不断增长，我国群众体育活动的内容和种类呈现多样化趋势，体育健身活动参加人数的规模在不断扩大，民众参与体育锻炼的意识得到了提升。但是仍然存在着一些问题，一是体育活动经费严重不足，体育场馆设施建设还不完善，群众进行体育锻炼的基础服务设施得不到基本保证，这些不足在一定程度上影响了群众体育活动的可持续开展。二是场馆规划、建设在本级行政区域社会发展整体规划中相对滞后，体育、教育、文化等设施缺乏统一完整的规划。三是体育指导员队伍培训制度不完善，国民体质监测未能实现制度化、科学化。四是群众体育政策的执行未能考虑不同地方的文化差异。五是在农村，文化体育场所（设施）覆盖面仍然较窄。这些调查结果证明当前我国群众体育政策（《全民健身计划纲要》）的预期目标未能完全实现，而且执行过程中还存在着一些目标偏移的现象。这足以说明，在现实中，我国群众体育政策的执行确实存在着阻滞现象。

在现实中，从体育政策过程的视角看，体育政策问题的认定、体育政策的制定、体育政策的评估等几个要素确实阻滞了群众体育政策的执行；从体育政策执行构成的视角看，政策执行主体的特性、政策文本的品质、政策相对人的认同、政策资源的投入等要素也现实地阻碍了群众体育政策的执行。这些要素的具体内容和相互作用关系构成了群众体育政策执行阻滞的现实影响因素模型。

我们认为要防治群众体育政策执行阻滞，当前我国群众体育政策的执行必须遵循三条基本原则：一是政府责任的有限性原则，以防治群众体育政策执行中政府的缺位、错位和越位；二是群众体育的文化性原则，以防治群众体育政策执行中的文化拒斥现象；三是群众体育政策执行结果的可检评原则。从政策过程的视角，提出群众体育政策执行阻滞的防治策略主要是从体育政策问题的认定、体育政策的制定、体育政策的评估这三个环节予以考虑，具体而言，当前群众体育政策问题认定的偏差主要表现为对城乡二元结构影响的估计不足；为了防治由于体育政策制定不恰当导致的体育政策执行阻滞现象，应该考虑如何建立和完善体育政策相关利益群体的利益表达机制；在政策评估上要从显示政绩式的评估向发现问题式的评估转变，实施第三方评估，同时让群众体育政策执行效果与执行主体的利益直接相关。在体育政策执行方面，防治策略从体育政策执行主体的特性、体育政策文本的品质、体育政策相对人的认同与体育政策资源的投入等维度入手：首先要将《全民健身计划纲要》的执行主体定位为各级地方政府，然后在各级地方政府职能部门间进行合理的分工与协作；其次为了保障条例执行获得更优的效果，建议可以随着现实条件的变化以条例的补充意见或者实施细则的形式，增补新的内容，以保障政策的灵活性与稳定性的统一；再次要提高政策对象对于政策的信任程度和接受程度；最后全面保证群众体育政策执行的经费、场地、人员等资源的投入。

5.2 创新与不足

5.2.1 本研究的创新之处

首先，本研究运用逻辑分析、实证调查与个案分析相结合的方法比较全面地探讨了我国群众体育政策执行的阻滞现象及其原因，研究具有一定的代表性与典型性。

其次，本研究提出了我国群众体育政策执行阻滞现象分析的纵向与横向分析框架，从过程的视角与构成的视角分析我国群众体育政策在当前尚属首次尝试。

最后，本研究通过个案的分析，从具体到抽象，构建了我国群众体育政策执行阻滞因素的理论模型，在我国体育政策研究领域同样属于首次尝试。

5.2.2 本研究的不足之处

首先，实证调查数据还不太充足。限于人力、物力和时间等资源的约束，问卷调查和访谈调查的范围不够广泛，这对本研究的代表性产生了一定的影响。为了弥补这一缺陷，本研究充分收集了其他相关学者的调查数据以作为印证与补充。在此，对相关学者表示感激。

其次，限于本研究者的学识与能力，本研究提出的我国群众体育政策执行阻滞因素的理论模型可能还比较粗糙，还有诸多需要改进的地方，这只能留待本研究者在以后的学习与工作时间中去继续探索和修正了。

5.3 我国体育政策研究的展望

在反思本研究不足与当前我国体育政策研究现状的同时，我们更应该展望我国体育政策研究的未来前景和努力方向。

第一，要营造良好的体育政策研究环境。政府部门高度重视体育政策研究的作用，把政策研究和研究政策作为政府行政工作的重要组成部分。要树立起科学政策的理念，把政策制定视作理性决策的过程，一个公开的过程、可参与的过程，依法行政的过程。并在决策过程、执行过程和评价过程中，适当分离这三个过程的主体，以保证体育政策的科学性和有效性。要确立起体育政策与体育政策研究之间的依靠与服务的关系。

第二，要构建完善的体育政策研究体系。要构建起完善的体育政策研究体系，应做到以下两点：一是应允许、鼓励和支持民间政策研究机构的建立，实现官方、半官方和民间三大类别政策研究机构的和谐并存，政府、非政府咨询机构和大学的共同协作，从而使我国体育政策研究组织机构形成一个多层次、多渠道、多目标的较为完整的科学立体网络；二是我国应加强政策研究制度建设。关键在于完善决策程序，使重大体育决策需要经过咨询建议、多方案比较、论证评价、选择决策等程序，使之建立在民主化和科学化的基础之上。

第三，要保持决策者与研究者合理的张力。决策者和研究者分属两种不同的文化，存在分歧是必然的现象。决策者常用政治的眼光来看待体育问题，喜欢用行政手段解决体育问题，并希望立竿见影，不大关注长期性的基础理论研究，而研究者则更关心学术价值和同行评定，认为同行对其研究成果的评价高于政府决策部门的评价，喜欢从事不受约束和限制的理论研究，不大关心其成果的实用价值和实施时的可行性。随着体育决策环境与决策因素越来越复杂，决策的难度也就越来越高，为了使决策更科学、更民主、更有效，笔者以为完全有理由提出决策者是研究者的要求，决策者应该努力使自己成为研究型决策者，形成过程意识、距离意识和代价意识；为了使学术研究的成果发挥最佳的社会效益，也完全有理由提出研究者应该是政策参与者的要求，研究者应该努力使自己成为政策研究者，形成转化意识、当下意识和操作意识。总之，决策者与研究者之间应保持合理的张力，彼此在情感上接纳，抱着对人对事高度负责的态度彼此进行真诚的沟通、交流与合作。

第四，要提升体育政策研究的理论品位。主要可从以下几个方面着手：①丰富体育政策研究的理论基础；②规范体育政策研究的范围；③完善体育政策研究的方法。

总之，体育政策研究是一片充满希望与挑战的研究领域，本研究只是个人的一次初步探索和努力。路漫漫其修远兮，吾将上下而求索。

附录　农村群众文化体育活动调查问卷

（一）受访人及其家庭成员信息

姓名	性别	民族	年龄	受教育水平（年）	职业	健康状况

（二）农村群众文化体育活动

1. 除了劳动时间和家务时间，您一天平均闲暇时间是多少？（g1）

①30 分钟以下　②1 小时　③1.5 小时　④2 小时　⑤2.5 小时　⑥3 小时及以上

2. 农民闲暇时的生活选择：（可以多选）

①打牌、打麻将、下棋（g2）　②看电视（g3）　③看电影（g4）　④看戏（g5）　⑤听广播（收音机）（g6）　⑥演奏乐器（g7）　⑦看录像（g8）　⑧唱民歌（g9）　⑨打球等体育活动（g10）　⑩下棋（g11）　⑪读书看报（g12）　⑫上网（g13）　⑬演戏（g14）　⑭舞狮舞龙（g15）　⑮参加科技培训（g16）　⑯剪纸、绘画、陶瓷、泥塑、雕刻、编织等民间工艺活动（g17）　⑰参加杂技、花灯、龙舟等表演活动（g18）　⑱跳舞（g19）　⑲其他（g20）

3. 常看的电视节目（可以多选）

①新闻类节目（g21）　②体育节目（g22）　③科技节目（g23）　④娱乐节目（g24）　⑤法律节目（g25）　⑥电视剧（g26）　⑦电影（g27）　⑧其他（g28）

4. 您所居住的村子里有以下设施（可以多选）

①文化活动室（或图书室）（g29）　②录像厅（g30）　③电影放映室（放映点）/电影院（g31）　④戏台/戏楼（g32）　⑤有线电视或电视差转站（g33）　⑥有线广播（g34）　⑦公共电子阅览室（公共网吧）（g35）　⑧阅报栏（g36）　⑨篮球、排球场等体育场地和体育器材（不包括学校）（g37）　⑩老年活动室（活动中心）（g38）　⑪文化大院（g39）　⑫个

体文化室/图书室/个体网吧等（g40） ⑬祠堂（g41） ⑭寺庙（g42） ⑮教堂（g43）

5. 农闲时农民常去：（可以多选）

①文化活动室（或图书室）（g44） ②电影放映室（放映点）电影院（g45） ③录像厅（g46） ④戏台/戏楼（g47） ⑤看有线电视或电视差转站（g48） ⑥听有线广播（g49） ⑦去公共电子阅览室（公共网吧）（g50） ⑧去篮球、排球场等体育场地（g51） ⑨常看阅报栏（g52） ⑩老年活动室（活动中心）（g53） ⑪文化大院（g54） ⑫祠堂（g55） ⑬个体文化室/图书室/个体网吧等（g56） ⑭寺庙（g57） ⑮教堂（g58）

6. 您认为农民参加体育锻炼有必要吗？（g59）

①没有必要 ②有必要 ③不关心

7. 除了生活必需消费以外，您的主要支出（可以多选）

①建房或购房（g60） ②筹备家中红白喜事（g61） ③子女教育（g62） ④置办家具家电（g63） ⑤学习培训（g64） ⑥农机或者交通工具（g65） ⑦人情世故费用（g66） ⑧体育消费（g67） ⑨医疗费用（g68） ⑩旅游和其他娱乐活动（g69） ⑪其他（g70）

8. 您近一年在体育运动上的开销有多少？（包括服装、器材）（g71）

①50 元以下 ②50～100 元 ③100～200 元 ④200 元以上

9. 如果有，对免费的体育交流、培训活动您愿意参加吗？（g72）

①愿意 ②不愿意 ③没兴趣 ④观望后决定

10. 如果身边有体育比赛的话，您会（g73）

①参加 ②可能参加 ③不参加 ④观看比赛

11. 您认为农村群众对体育运动的热情程度是：（g74）

①强烈 ②较强 ③一般 ④较差 ⑤很差

12. 对您所在村的体育设施满意度（g75）

①非常满意 ②基本满意 ③一般 ④不满意 ⑤很不满意

参考文献

鲍明晓．2005. 群众体育：公益还是私益？体育科学，4（1）：97.
布坎南．1989. 自由、市场和国家．上海：三联书店上海分店．
陈安槐，陈荫生．2000. 体育大辞典．上海：上海辞书出版社．
陈彩祥，马廉祯．2007. 论抗战期间国民政府的国防体育政策．体育文化导刊，12：88-90.
陈国权．1999. 论政府能力的有限性与政府机构改革．求索，4：41-44.
陈庆云．1996. 公共政策分析．北京：中国经济出版社．
陈向明．2000. 质的研究方法与社会科学研究．北京：教育科学出版社．
陈秀娟．2009. 我国群众体育的性质与供给机制研究．体育科学，29（1）：85-91.
陈振明．1998. 政策科学．北京：中国人民大学出版社．
戴维·伊斯顿．1993. 政治体系——政治学状况研究．马清槐译．北京：商务印书馆．
丁柏铨．2009. 论公众意见表达及与政府、大众传媒的关系．西南民族大学学报（人文社科版），30（4）：124-128.
丁煌．2002. 我国现阶段政策执行阻滞及其防治对策的制度分析．政治学研究，1：28-39.
窦正斌．2006. 传统政策文化的成因及创新探析．中国行政管理，10：68-71.
杜宇峰．2003. 我国体育政策的制定与实施机制的研究．西安体育学院学报，20（5）：14-15.
冯国有．2007a. 公共体育政策的利益分析与选择．体育学刊，14（7）：15-19.
冯国有．2007b. 利益博弈与公共体育政策．体育文化导刊，7：62-64.
冯火红．2006. 改革开放以来我国地方政府社会体育政策执行研究——以沈阳市为例．体育文化导刊，11：14-17.
冯火红．2007. 我国地方政府社会体育政策内容研究——以沈阳市为例．体育文化导刊，7：18-21.
高建萍．2004. 欧洲发达国家群众体育管理的相关经济政策研究．南京体育学院学报，18（6）：39-40.
国家体委群体司．1990. 群众体育工作指南．北京：学苑出版社．
韩明谟．2001. 农村社会学．北京：北京大学出版社．
亨廷顿．1989. 变化社会中的政治秩序．北京：三联书店．
亨利·法约尔．2007. 工业管理与一般管理．迟力耕，张璇译．北京：机械工业出版社．
侯令忠．2006. 非理性因素与中国的群众体育．体育文化导刊，3：9.
胡宁生．2000. 现代公共政策研究．北京：中国社会科学出版社．
江崇民，张彦峰，蔡睿，等．2009. 2007 年中国城乡居民参加体育锻炼现状分析．体育科学，29（3）：9-19.
接志波．2007. 论政府公共管理中的公共利益及其实现．青岛农业大学学报（社会科学版），19（3）：51-53.
瞿葆奎．1989. 教育学文集：教育评价．北京：人民教育出版社．
邝言．1987. 论政策在体育发展中的作用．上海体育学院学报，3：5-8.
拉雷·N·格斯顿．2001. 公共政策的制定—程序与原理．朱子文译．重庆：重庆出版社．

李建军．2002. 加入 WTO 对我国政府社会体育政策的影响．广州体育学院学报，22（1）：8-10.
李启迪．2005. 体育政策学构想．金华：浙江师范大学硕士学位论文．
李益群，李静．2003. 政府与体育的公共政策研究．北京体育大学学报，26（2）：151-153.
列宁．1955. 列宁全集（第 12 卷）．北京：人民出版社．
林德布洛姆．1988. 决策过程．竺乾威等译．上海：上海译文出版社．
林少峰．2006. 从断裂到协调—中国群众体育与竞技体育政策的演进．安徽科技学院学报，20（1）：59-62.
刘复兴．2002. 教育政策的四重视角．清华大学教育研究，23（4）：13-19.
卢元镇．2002. 体育社会学．北京：高等教育出版社．
罗时铭．2006. 中国近代体育变迁的文化解读．北京：北京体育大学出版社．
马宣建．1990. 从奥运战略到协调发展战略——中国、苏联有关体育政策发展变化的比较研究及启示．哈尔滨体育学院学报，3：5-9.
马宣建．2004. 北京奥运周期的中国体育政策分析．成都体育学院学报，30（6）：1-6.
马宣建．2005a. 论中国的奥林匹克政策．体育文化导刊，11：27-31.
马宣建．2005b. 论中国群众体育政策．成都体育学院学报，31（6）：1-71.
麦克尼尔．1994. 新社会契约论．北京：中国政法大学出版社．
毛寿龙，李梅．2000. 有限政府的经济学分析．上海：上海三联书店．
孟德斯鸠．1961. 论法的精神（上册）．北京：商务印书馆．
苗治文．2006. 当代中国体育公共政策分析．北京：北京体育大学博士学位论文．
宁骚．2003. 公共政策学．北京：高等教育出版社．
欧阳景根．2005. 公民权利与国家权力的界限．江淮论坛，210（2）：65-68.
钱景．1987. 试论体育政策的科学性．四川体育科学学报，4：9-13.
饶远，张云钢，徐红卫．2007. 论中国少数民族体育政策的特征与启示．体育科学，10：56-60.
斯图亚特・那格尔．1990. 政策研究百科全书．林明译．北京：科学技术文献出版社．
宋杰，李丰祥．2004. 山东省社区体育政策法规及管理现状研究．中国体育科技，40（5）：50-52.
苏勤玉，张宏．2006. 广东省结合型群众体育管理体制的研究．广州体育学院学报，26（4）：32-35.
孙葆丽，孙葆洁，潘建林．2000. 我国群众体育发展的历史回顾．体育科学，20（1）：13-16.
孙季成，章莺，傅振磊．2006. 当代浙江农民体育需求与体育态度的调查研究．广州体育学院学报，26（2）：41-47.
孙绵涛．1997. 教育政策学．武汉：武汉工业大学出版社．
孙绵涛，康翠萍．2006. 教育机制理论的新诠释．教育研究，12：22-28.
谭震皖．2007. 高职院校学校体育政策执行情况分析．江苏广播电视大学学报，18（3）：82-84.
托马斯・戴伊．2002. 自上而下的政策制定．鞠方安，吴忧译．北京：中国人民大学出版社．

王册山．2000．群众体育学．北京：人民体育出版社．

王国红．2003．论政策执行中的政策规避．唯实，2：66-70．

威廉·N·邓恩．2002．公共政策分析导论．北京：中国人民大学出版社．

吴志宏，陈韶锋，汤林春．2003．教育政策与教育法规．上海：华东师范大学出版社．

伍启元．1992．公共政策．北京：商务印书馆．

伍绍祖．1999．中华人民共和国体育史·综合卷：1949～1998．北京：中国书籍出版社．

夏尔·德巴什．2000．行政科学．葛智强，施雪华译．上海：上海译文出版社．

夏征农．1999．辞海．上海：上海辞书出版社．

肖谋文．2007．我国群众体育政策的历史演进及过程优化．北京：北京体育大学博士学位论文．

谢明．2004．政策分析概论．北京：中国人民大学出版社．

杨青松．2011．我国体育政策研究述评．武汉体育学院学报，45（1）：19-22．

杨青松，罗建河．2008．我国群众体育政策执行阻滞效应的多维分析——以《全民健身计划纲要》为例．广州体育学院学报，28（6）：15-18．

叶海尔·德洛尔．1996．逆境中的政策制定．王满传等译．上海：上海远东出版社．

衣俊卿．2005．现代化与文化阻滞力．北京：人民出版社．

殷杰，胡敏．2010．社会科学与公共政策的关联性．科学技术哲学研究，27（3）：44．

袁振国．1996．教育政策学．南京：江苏教育出版社．

约翰·克莱顿·托马斯．2005．公共决策中的公众参与：公共管理者的新技能和新策略．孙柏瑛译．北京：中国人民大学出版社．

詹姆斯·安德森．1990．公共决策．唐亮译．北京：华夏出版社．

张金马．2004．公共政策分析：概念、过程、方法．北京：人民出版社．

张曙光．1999．制度、主体、行为．北京：中国财政经济出版社．

张文静，田雨普．2009．农民体育参与的行为学分析．武汉体育学院学报，43（1）：20-23．

张云昊．2008．文化的视角：中国公共政策本土化研究的一个分析框架．中国矿业大学学报（社会科学版），10（1）：35-39．

赵成根．2002．民主与公共政策研究．哈尔滨：黑龙江人民出版社．

中共中央马克思恩格斯列宁斯大林著作编译局．1995．马克思恩格斯全集（第一卷）．北京：人民出版社．

朱家新．2007．贫富农民体育生活方式比较研究——以福建省沿海地区农民为例．安徽体育科技，28（2）：40-42．

朱琼，高铭鼎．1991．社会体育指导员培训教材（试用）．天津：天津人民出版社．

朱琼，李铭．1994．社会体育指导员手册．天津：天津人民出版社．

左新荣．2007．我国农村群众体育开展乏力的社会因素分析．成都体育学院学报，33（3）：48-50．

Anderson J E. 1984. Public Policy-Making. Orlando：Holt，Rinehart and Winston，Inc.

Brian W H，Lewis A G. 1984. Policy Analysis for the Real World. New York：Oxford University Press.

Dahl R. 1961. Who Governs? Democracy and Power in the American City. Newhaven：Yale University Press.

Dye T R. 1987. Understanding Public Policy，Englewood Cliffs. New Jersey：Pretice-Hall Inc.

Friedrich C J. 1963. Man and His Government. New York：Mcgraw-Hill.

Halperin M N. 1976. Implementing presidential foreign policy decision：limitaions and resistance// Anderson J E. Cases in Public Policy-making. New York：Praeger Publishers.

Jones C O. 1977. An Introduction to The Study Public Policy（2nd）. North Scituate，Mass：Duxbhry Press.